U0361458

管理随笔

包政——— 著

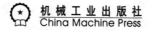

机械工业出版社
China Machine Press

图书在版编目（CIP）数据

管理随笔 / 包政著 . 一北京：机械工业出版社，2018.9（2018.12 重印）
（包政管理经典）

ISBN 978-7-111-60724-3

I. 管…　II. 包…　III. 企业管理－文集　IV. F272-53

中国版本图书馆 CIP 数据核字（2018）第 189412 号

　　"管理"已经从工商企业走向个人生活，在人们的生活空间随处可见"管理"的影子，重要的是要有发现的眼睛，有管理的思维习惯，和透视生活活动背后的管理逻辑的能力。本书从作者身边的事情谈起，与读者一起谈"挣钱""人生""思想""朋友圈""互联网应用的机会""微商"等话题，每个话题是一个小节，分为51 个小节。小节之间没有逻辑上的延伸，只有管理概念上的一致。

管理随笔

出版发行：机械工业出版社（北京市西城区百万庄大街 22 号　邮政编码：100037）

责任编辑：刘新艳　　　　　　　　　　责任校对：殷　虹
印　　刷：北京市荣盛彩色印刷有限公司　版　　次：2018 年 12 月第 1 版第 2 次印刷
开　　本：170mm×230mm　1/16　　　印　　张：12.5
书　　号：ISBN 978-7-111-60724-3　　定　　价：59.00 元

凡购本书，如有缺页、倒页、脱页，由本社发行部调换

客服热线：（010）68995261　88361066　　投稿热线：（010）88379007
购书热线：（010）68326294　88379649　68995259　　读者信箱：hzjg@hzbook.com

前言

随笔是我人生的体验

本书是我的人生体验，我与企业管理打交道将近半个世纪，人生的很多感悟都与管理学思维有关，是谓三句不离本行。

做人和做事是一回事，学管理的人自然而然就会用管理的思维去做事，去做人。人做不好，企业的事业就做不好。所以有人会说，管理学看上去很像道德学。我记不得这是谁说的，可能是明茨伯格。

西蒙就讲过这样的话：企业的最高领导阶层，应该是一个道义集团，而不是一个利益集团。这符合我们生活中的常识，真正好的企业、受人尊敬的企业，都有利润之上的追求。

我曾经遇到过一个台湾人，也是一个企业的老板，他说做企业跟做人是一样的，修身养性齐家治国平天下。管理说到底就是人的管理，就是如何处理好人与人之间的社会关系。

修身养性最重要的方式方法，就是随时随地把自己的人生感悟记录下来，给自己看的就是日记，给别人看的就是随笔。不断记录，不断反思，做最好的自己。

古代圣贤之人为什么厉害？就是因为他们能够做到一日三省吾身。从事企业管理的人士也应该这样，不断反思，使自己的生命更加灿烂，使自己从事的事业更加辉煌。

包政

2018.6.11

目　录

管与管理 / 113

钱与挣钱

1

生活与挣钱

我们始终没有处理好一个问题，生活和工作。工作似乎是为了挣钱，而不是为了生活，更不是生活的一部分。

我有一个亲戚，生活弄得一塌糊涂，一心一意想给他妈争口气，挣很多钱，过体面的生活。

而我的想法非常简单。回到生活开始的地方，活下去，活出幸福的人生。人生的主旋律是生活，生活的主旋律就是让自己变得精彩。

曾几何时，人们把生活和工作颠倒过来了，吃饭是为了工作，人生的主旋律就是挣钱，眼睛里流露出金光灿灿的眼神。殊不知，忙忙碌碌一辈子，挣了很多钱，死的时候会很痛苦。

我对亲戚的建言非常简单，先把你的生活弄好了，去选择一件自己喜欢干的事情，从事一项自己喜欢的事业，而不是一件能挣钱的事情。凭着自己的喜欢坚持下去，熟能生巧，挣钱是迟早的事。我们为什么要为钱而活着呢？亲戚的回答让我很诧异：生活中需要钱，需要很多钱。

我见过我奶奶与我妈妈的生活，她们并没有很多钱，我奶奶养活了我爸 20 年，我妈养活了我 20 年。可是我们现在的家长，似乎要一辈子照料自己的儿女或子孙。

我妈经常讲一句话：钱多多花点，钱少少花点。生活真的有这么难吗？我们真的很缺钱吗？我认为，是我们的欲望出问题了。圣雄甘地说过，世界上的物质足以满足人们的需求，唯一不能满足的是人们的欲望。

最近我的身体好了很多，至少轻松了很多，每天两顿小米稀饭加地瓜或南瓜。小米、地瓜能花多少钱？

了解我的人可能会说我不缺钱。我曾经说过这样的话：一个人只要不改变自己的生活方式，钱总是够的。一个人只要坚持不懈，认认真真地把自己喜欢做的事情做好，钱总是够的。

朋友认为，我不会挣钱，并且言之确凿。也许他们想表达的是我有真本事。一个人不缺钱，是因为他会做事，不是因为他会挣钱。由此可以推论，一个人很有钱，不是因为他会做事，而是因为他会挣钱。

由此中国出了一些以挣钱为能事的人，加上有人一鼓吹，很多人真的把挣钱当作一件事，当作一种本事，当作一项事业了。从挣钱能手，到很会挣钱的人，或财智人物。

这就害了我这位亲戚，他真的不知道挣钱是一种结果，是做了一种有价值的事情之后的一种结果。你要不能给别人提供价值，别人凭什么给你买单呢？

如果没有做事情的本事，哪来挣钱的结果呢？一个人要做成一件事情，或者要学会做一件事情，是很不容易的。

市场确实有天上掉馅饼的事情，那个是学不来的，人生不能把希望寄托于此，否则生活会被搞得一团糟。我劝年轻人还是老老实实地去学一点谋生的本事。少想一点投机上的事情，多干一点长本事的实事。

2
人们为什么要赚钱

在远古时代，人们并没有钱的概念，每天忙的就是寻觅食物。到了今天，大家都在忙着挣钱，为钱而活着。这到底为什么？

记得有一次我约人来谈共同创业，创立一个新的事业。那人跟我说，挣钱还是很重要的，希望跟我一块去挣钱，最好是挣大钱。两人好像没谈拢。

我的想法是，挣钱是一个结果，事情做成了，钱自然就会有。我又不是神仙，不食人间烟火。我相信德鲁克所说的，利润是一个结果，检验你所做的事业有没有价值。如果不挣钱，见不到利润，表明这个事业没有价值，浪费社会的资源和别人的钱财。

我经常挂在嘴边的一句话就是：走正道，不挣钱，那么世上就没有人走正道。我想吸引一批人，走正道，创立一番事业，向世人证明，走正道，照样能赚大钱。

别人觉得我很理想主义，邀约人来做事，不谈钱，太不可理喻了。现在的一些人确实很现实，不说挣钱，就免谈。买卖不成情意在，别伤了和气。开个公司，谈谈使命、愿景、战略，怎么鼓舞人心？怎么唤起民众？钱！久而久之，老板被逼无奈，都学会吹牛了，美其名曰路演。

我曾经认识一个毛头小子，就是那种嘴上没毛，办事不牢的人。不过，士别三日，当刮目相待。现如今，他口若悬河、滔滔不绝、战略宏伟、愿景诱人，一张口就是百亿级公司，粪土当年万户侯。再细听，我懂了。这些日子，他每天都要见十来波投资人，练出来了。

有人以为，企业就是一台印钞机。不妨简单算算账，一台印钞机如果一秒钟印 10 张一元，那么一天就是 86.4 万元，一年就是 3 亿元。由此而论，这台印钞机必须连续印 30 多年，才是 100 亿元。想想看，这些年轻人的胆子有多大，信口雌黄。

西方社会经过中世纪，终于明白一个道理，贫穷落后，落后挨打。那么，如何走富强的道路呢？这就是宗教革命，用现在的话来讲，就是转变观念。贫穷落后的根源，在于他们的思想观念被宗教束缚住了。

最贫穷落后的地方就是西欧和北欧，俗称西北欧。那里也是受罗马统治最薄弱的环节。于是，就有了路德教和加尔文教，以及后来一系列的新教。时间应该在 16 世纪。

西北欧人一直想不通一些事情，我们认认真真按照《圣经》上说的去做，结果是贫穷落后，被动挨打。如果《圣经》说得不错，我们做得也不错，结果应该是幸福，而不应该是一系列的不幸，实在让人想不通。

他们怀疑神职人员动了手脚，没解释清楚《圣经》，或者说把经念歪了。马丁·路德还真的发现翻译上有问题，认为《圣经》的原意是因信称义，而不是因信成义。每个人只需要信奉上帝就可以得救，不需要神职人员或宗教人士代表上帝颁布恩典。1517 年，路德提出《九十五条论纲》，反对救赎券，认为这是罗马天主教会在敛财，借着上帝的名义洗他们的钱。

这只是一个开始，后来的事态演变不可收拾。宗教教义背后，存在着巨大的利益纷争。于是，西北欧人就自己解释，当然是按自己的想法重新解释《圣经》。从这一点上说，新教是非常功利的，直指富强的目标。新教的兴起，实际上是一场富民强国的社会运动。

这场运动的最终结果是，欧洲崛起，走上了资本主义发展的道路。马克斯·韦伯写了一本书《新教伦理与资本主义精神》。在这场运动中，西北欧人不仅获得了信仰自由，而且获得了经济发展的原始动力，这就是挣钱。每个新教徒的眼中，都流露出金光灿灿的眼神。用他们的话说，生活的主旋律就是挣钱。他们放弃了过去那种清贫乐道的生活方式。

因信称义，只是一字之改，释放了无数欧洲人挣钱的欲望。按照新教的教义，每个人生在什么家庭，从事什么样的工作，都是上帝的安排，都是在履行天职。只要信奉上帝，认真履行天职，就有机会获得救赎。至今为止，欧洲人依然保持着职业精神，认为有一份正当的职业是神圣的，不工作的人是懒惰的，没有职业的人是卑贱的。

与此相联系，管理学始终强调，任何人、任何团队都必须承担价值创造的工作，必须参与到直接创造价值的活动中去。即便是总经理或总裁，也要对价值创造的工作做出承诺，比如，开拓和维护大客户。没有人可以游手好闲，不对价值创造过程做出贡献。

要想让欧洲真正富强起来，必须约束全体新教徒持续努力地工作，持续努力地为创造财富和积累财富做贡献。新教教义宣称，一个人是否得救，上帝已经做出预判。然而，每个人并不知道这一点。只要信奉上帝，努力履行天职，等待上帝的恩典，利润就是上帝赐予的恩典。挣到钱了，见到利润了，上帝开恩了，你可能得救了，还必须继续努力，就像诸葛亮对待他的主公一样，必须诚惶诚恐、鞠躬尽瘁、死而后已。

因为利润是上帝的恩典，所以赚钱的人是不能随便挥霍的，必须追加投资，扩大再生产，获取更大的恩典。

没赚到钱的人也不会眼红，相反，会加倍努力，坚守本行，精益求精，提高专业素养，为上帝的荣耀做贡献，获得恩典，赚取利润。

在新教伦理的约束下，每个人会拼命地去挣钱。按照韦伯的说法，这是一种基于宗教的恐吓。赚钱对他们来说，对欧洲人来说，是一件神圣的事情，使他们可以赤裸裸地表达自己的赚钱欲望或志趣。用弗里德曼的话说，企业的目的就是赚钱，就是利润最大化。

经过商业经济的几百年洗礼，上帝的归上帝，恺撒的归恺撒。利润与上帝的恩典，已经没有多少瓜葛了。五月花船上的那些新教徒，已经被历史尘封。一些人把挣钱当作一种本事，并主张能挣会花，哪管死后洪水滔天。有一些人可以为金钱而出卖自己的灵魂。他们的宗教信仰已经被金钱拜物教所取代。这不是我说的，是一位伟人说的。毫无疑问，这不可能持续。

德鲁克在世时，曾经发出过警告：你们这些企业精英，如果继续这样肆无忌惮地掠夺财富，整个人类将无法逃脱一场严厉的惩罚。我相信，在一场社会观念变革来临之前，人们很难扭转乾坤，也很难从赚钱的逻辑中摆脱出来。

3

赚钱有这么难吗

市场的法则是平等互利、对等交换。没什么本事，挣什么钱呢？有了本事，挣钱还难吗？这么简单的道理，很多人就是不明白。先学本事，学会本事，钱自然就会来。

做小买卖的，请记住我的话：你比顾客懒，就挣不到钱；你比顾客贪，也挣不到钱。没什么本事，就应该勤快一些。没什么本事，心态就放平和一些。别见钱眼开，贪得无厌。

有人请教李嘉诚生意经，没想到，他说自己从来不做生意，只交朋友。朋友交透了，别人请他帮个忙，生意也就做成了。做生意有那么难吗，赚钱有那么难吗？

想做一番事业另当别论，必须先练本事。创业乃是生死之地、存亡之道，不是匹夫之勇干的事。懵懵懂懂，想起一出是一出，美其名曰精益创业，失败的概率几乎百分之百。这样做除了消耗父母养老的钱财外，还会丧失自己再度创业的勇气。那些越挫越勇，跌倒再站起来的人很少。至少你不会是这样的人。

我原来住的小区中有一个创业者，他开了一家店，取名"愚心书屋"。他原以为这个小区老师多，生意一定会很红火，结果无人问津，生意惨淡。

他见了我，想一问究竟。我说，有些人从小到大没有养成读书的习惯，甚至一些老师也抱守残缺，只读专业文章，而那些专业文章，全世界没几个人感兴趣，只是圈子里的人自己哄自己高兴。

他好像懂了，似懂非懂，并做出了一项重大决定，停业整顿。新店开张，取名"愚心餐厅"，让人大吃一惊。这回我忍不住了，前去探望，一问究竟。他认为，这院里的老师备受尊敬，经常迎来送往，高朋满座，餐厅一定宾客络绎不绝。

我心想，等着吧！顺丰都开到大学门口了，太低估老师的地位与品位了。果然，不久他又停业整顿，再度更新门脸，取名"愚心宠物商店"，依然没有生意。他在街上瞎晃悠，大老远就叫住我，说自己太背了，求我指点迷津。

我只能坦言相告，开店也是一种本事，不是什么人都可以开店。我要知道如何开店，绝不讲课挣钱。再说了，现在的老师，多半都是空巢老人，儿女都在海外。他们把儿女之情全都寄托在狗身上，把儿女叫狗子，把狗子叫孩子。这些孩子轻易不会生病，照顾得好着呢，有病找好医生。

几天后，人去楼空，门上贴了张大纸条：门脸转租。

创业者必须先看明白，这世上哪种业态是你喜欢的，先弄明白哪个机构做的事是你欣赏的。你先走近看看，别轻易出手。

外行看热闹，内行看门道。弄不懂人家的门道，请不要出手。即便弄懂了人家的门道，不能确立自己的门道，构建不了自己赢的模式，也不能轻易出手。创业者必须怀揣必死的决心，面壁十年图破壁，一旦出手，志在必得。

创业是真刀真枪的事，听大腕儿神侃，觉得自己像是被开了脑洞，以为自己也行，大错特错。人家是讲演，你是真干，完全是两回事。你根本没有见过大腕走麦城、受胯下之辱的时候。能在舞台上讲演的人，都有饱经风霜的经历，这些他们不会跟你说，往事不堪回首月明中。他们说了别人也没兴趣，也听不懂。

创业者必须找到质感，找到实质性的感觉，尤其是与人打交道的能力，以及系统运行的套路，必须亲身经历。

沃尔玛的创业者看中了凯马特，他先去那里应聘，到那里去当雇员。这叫不入虎穴，焉得虎子。经过很多年努力，他终于弄明白了人家的套路，同时，也想清楚了如何战胜对手的套路。于是他就在凯马特对面，开了第一家门店，取名沃尔玛。至于沃尔玛究竟挣了多少钱，我想，山姆大叔自己都不知道。

4

微商怎么了

中国人根深蒂固的观念是，经商羞于言辞。做了经销商，孩子抬不起头，被同学说成个体户，说你爹是个体户，不名誉。言下之意，无商不奸。

有了互联网，有了微信平台，传统的经销渠道不行了，微商起来了。开始有人疑惑，那些做微商的怎么了？挺好的一个人怎么也做起微商了？不经意中，微商背负了传统经销商的名分，背负了它们的十字架。

过去的社会，确实存在职业歧视乃至痛恨，比如，"车船店脚牙，无罪也该杀"。现代社会，职业不应该有高低贵贱之分，都是社会分工的需要。

人们对经商的成见，源于传统社会重农抑商的政策。商业存在着大量投机或暴富的机会，需要管控与限制，以使农民兄弟安居乐业，辛勤耕耘。

即便在传统社会，劳动生产率低下，交通与通信不便，国家也没有取消商业。即便在强调劳动价值论的计划经济年代，国家也没有取消商业职能。

斯密的《国富论》已经把这件事情讲清楚了，有文化的知识精英也都明白了，一个国家要想富强，必须有两个条件——产业与商业。

一个国家必须要有人在生产活动领域中工作，还要有人在商务活动领域中劳动。产业与商业，两者相辅相成。

商业大力发展，商品就可以卖到更远的地方去，卖给更多的人，卖个好价钱。这就能大大提高产业的积极性，提高生产活动领域的效能。

反过来说，产业的发展，需要更多的商业渠道和机会，把产品卖出去、卖个好价钱。一旦产品卖不出去，没有销售的机会，没有强大的商业活动能力，生产企业必然萎缩。

互联网时代来临，首先冲击的是传统商业及零售业。利用微信平台从事微商业务，正好弥补了这个空缺，并以更高的效能，连接了生产与消费两头。这是社会客观的需求，不是哪个人能想出来的职业。

市场经济就是那么神奇，一旦产生空缺，就会有人琢磨，就会有人去做这个事情。何况微商有极好的替代性及未来价值。一是降低了商业的交易费用，二是拓展了交易空间，三是提高了人与人之间的交易信用。

微商可以提高与消费者的熟悉程度和信任程度。每一个微商都会把个人信用抵押进去，努力服务好熟客，服务好消费者，并努力为消费者选择好商品。这样就很容易形成供求一体化的商圈，形成朋友之间的一体化关系。

每个微商都会本能地维护与消费者的关系，买卖不成情意在，买卖不成信誉在。失去了购买者的这份情义和信用，任何一个微商，分分钟就失去了自己的存在价值，失去了继续交易的可能性。对消费者而言，吃亏上当就一回。对微商而言，断送的不是商品，而是持续交易的基础。

坑蒙拐骗，虚假广告，是每一个微商都应非常谨慎和警惕的。可以说，商品经济与市场经济本质上是信誉经济。从现实的情况来看，做得好的微商，他们的为人都有共同的特征——真诚与实在。"人头太次郎"一般做不起来。

微商，正好符合商业文明，符合恢复商道的发展趋势。未来一定是文明人经商，只有文明人才能恢复商道，更多的文明微商有助于恢复商道。商道不举，中国的商业乃至产业没有未来。

中国的商业文明，需要更多的微商，需要更多能够考虑消费者利益的微商，而不是传统的商业垄断，更不是把互联网当作手段的新商业垄断。

5

一个名字值 80 个亿：诚信的价值

第二次世界大战前夕，德国有一家很不起眼的信托公司叫巴比纳信托行，专为顾客保管贵重财物。战争爆发后，人们纷纷把财物取走，四散逃难去了。老板也打点细软逃之夭夭，只有雇员西亚还在那里清点账目。

一颗颗炸弹在信托行附近炸响，西亚好像没有听见一样，她清理完账目，发现一个叫莱格的顾客还没有把东西取走。那是一颗价值 50 亿马克的红宝石，西亚把宝石和所有托管文件放进一个小盒子里，然后带上小盒子和所有账目离开了信托行。

几天之后，战火将巴比纳信托行一带夷为平地，西亚也为逃避战乱而四处奔走。但无论走到哪里，西亚都随身带着信托行的账目和那颗宝石。她觉得，她还是巴比纳信托行的雇员，她要在战争结束后，把账目和宝石送回信托行。

战争终于结束了，西亚带着三个孩子回到柏林，可是，巴比纳信托行的老板已经在战乱中死去，信托行已不复存在。但西亚仍然保管着账目和宝石，因为宝石是顾客委托保管的，顾客没有把宝石取走，她就得一直为顾客保管，守住信托行的信誉。

多少年过去了，西亚一直没有找到工作，她带着三个孩子一直过着极其贫苦的生活。其实，当初委托信托行保管宝石的莱格也在战乱中死去了，那颗价值连城的红宝石早已无人认领了，西亚完全可以悄悄地把它卖掉，过上锦衣玉食的生活。可是她没有，她觉得那是顾客的财物，她只能保管，不能有任何非分之想。

1978 年，当地政府成立战争博物馆，面向社会搜集第二次世界大战的遗物，西亚便把她保管的信托行账目和那颗红宝石拿了出来。

政府多方努力，帮助西亚找到了莱格的孙子道尔。道尔拿到那颗宝石，答应将宝石卖掉后一半的钱给西亚，西亚婉言谢绝，说只收取这些年的保管费用。

西亚的事上了报纸，人们被她的诚信所感动，有人提议她出任商会总顾问，她以年纪大为由推掉了。后来，又有几家大型信托公司找到她，要求她出任荣誉总裁，她也谢绝了。

不久，西亚去世了。几家公司找到她的儿子克里斯，要求买断西亚的名字命名信托公司。克里斯难以抉择，就让几家公司竞标，最后，柏拉图信托公司以 80 亿马克的天价获取了西亚的冠名权。许多人不解地说，一个名字能值那么多钱吗？

　　柏拉图信托公司的总裁说，"西亚"已经不仅仅是一个人的名字，它代表的是一种企业精神，一种价比宝石的诚信，花 80 亿马克买到这个荣誉，值！不久，柏拉图信托公司便更名为西亚信托公司，交易量果然一路攀升。

　　诚信之所以能够创造价值，是因为诚信本身就是无价的。当你把诚信当成信仰和责任，你就赢得了人们的支持和信赖，无穷无尽的财富也会因此而产生。

6

寻找互联网应用的机会

不是互联网的出现使我们陷入了困境，而是对互联网的认识使我们陷入了困境。

1776 年，蒸汽机正式被应用于生产活动，导致我们这个社会发生了翻天覆地的改变。家庭社会被产业社会所取代，家庭手工业作坊被工业大机器生产所取代。

也就是说，我们的社会结构发生了根本性的改变。原来的社会结构是以家庭为核心的：家庭成员—家庭手工业作坊—家庭社会。现代的社会结构是以企业为核心的：企业职工—工商企业—产业社会。

两种社会结构，以及与此相联系的生产活动方式，或价值创造过程的组织方式，不可同日而语，性质完全改变。如果我们看不到这一点，就会在未来社会结构性改变中备受煎熬，成为落伍者是必然的。

互联网会像蒸汽机一样，以更大的效能与规模，改变我们的价值创造过程及其组织方式，并像蒸汽机冲击家庭手工劳动一样，冲击企业专业化的价值创造链条及其组织方式。

到那个时候，产业组织就会代替企业组织，现在这个社会将不得不更名为"企业社会"，未来那个社会将变成一个真正的"产业社会"，一个以"产业组织"为特征的社会。有一位经济学家就说过类似的话，未来的社会将以跨国公司为主体。跨国公司就像日本的三井帝国一样，成为产业价值链的组织者。

这里的关键不是"互联网＋"和"＋互联网"，而是用互联网的方式重新表达你的价值创造过程，从而极大地提高你的价值创造能力。这是一个融合的过程，融合的主体应该是互联网。换言之，如何按照互联网的要求，重构你的业务系统，重构你的价值创造过程。

这就像蒸汽机出现之后的情景一样，按照蒸汽机的要求，及其他能量，重构原来的产品创造过程，包括在可以获取更大效率的环节，以机器代替人力。为了机器代替人力，对传统手工作业过程进行分解，分解成一个个细小的工序，并导入标准化的手段，形成规范化的制作流程，以及对作业过程进行管理，等等。

就像德鲁克所说的那样，近代战争是以机器为特征的，并沿用了生产作业过程的组织方式。这一点我们这代人是领教过了，海湾战争与第一、二次世界大战的方式完全不同，是以信息数据为特征的，采用的是互联网化的组织方式。

包子堂从事的是教育领域，一直希望利用互联网来展开组织与管理学的教育事业。从 2015 年年底开始，我们就努力与互联网的"原住民"接触，寻找与互联网接轨的机会。我们得到了一个清晰的概念，互联网架构的机会渺茫且很烧钱。

从 2016 年 4 月开始，我们就希望与互联网化的公司进行合作。本着成就他人、成就自己的原则，我们与长生天成、华阳、恩源、知学云、亚信、中移在线、云学堂，等等，进行过深入的交流和接触，探讨如何结成深度的战略合作伙伴关系，并基于这种紧密的一体化关系进行有效的分工协作。

7

人靠本事吃饭

有人问我，你靠什么吃饭？自食其力，靠本事吃饭。

刚上大学的时候，暑假时，我在学校找了一个活——当小工，勤工俭学，跟几个小伙子，拉着大水泥滚筒，来回碾压，平整操场。一天 1 元，干得挺欢，既挣钱，又锻炼身体。

有同学说我，不回老家看看，干那活儿干什么，这挣不了什么钱。我不这么想，该自食其力了。我没什么本事，只能干点粗活，这叫以人力代替驴马。再说了，我这一身肉，闲着也是一种浪费。

说句老实话，那个假期我还真的没挣到什么钱，饭量增加了，伙食改善了，买了一件好看一点的衣服，还换了一双新鞋。人工修操场，既费袜子又费鞋。

学会一种生活方式，自食其力的生活方式，终身受益。向内求索，不向外乞讨，一个人会变得强大起来，心智模式也会变得强大起来。人的内在潜力是很大的，没必要在被逼无奈、无路可走的时候才想起自我开发。

不久，我又上了一个台阶，告别了卖苦力的人生，学会了讲课挣钱的本事。我第一次讲课，没被人轰下来，讲了一天，讲得口干舌燥，挣了 10 元，外加 1 元的车贴。我心里美滋滋的，觉得自己长本事了。

从前我特别羡慕那些能侃的同学，尤其是北京同学，张口就来，滔滔不绝。

记得有个家伙跟我说，要是手一份，嘴一份，人生的路就会越走越宽。是呀，嘴能说，手能写，就会像鸟儿一样，自由自在，翱翔天空。

大学毕业的那个暑假，我第一次"走江湖"，与两个同学携手，去山东招远讲课，挣了 300 元。一小时 5 元，讲了 60 小时，上午、下午，有时晚上，平均每天讲 10 小时。等到研究生毕业，我已经是学校有名的万元户了。

人家是仗剑走江湖，我是讲课走江湖，跟打擂台差不多。为了不被人轰下来，我坚持手不释卷，一周一本，都是专业的书。我经常跟学生讲，也许我看过的书没你们多，但我看懂的书肯定比你们多。看不懂就讲不出来，我看书从不浮皮潦草、自欺欺人。

看书是一种能力，需要勤学苦练，没有人可以轻易获得这种能力。智力胜过体力，需要苦练的程度也应该超过体力。吃不了这个苦，也体会不到其中的乐，根本练就不了这种能力。说有多难，关键看导师是谁。

我有一个徒弟，问如何才能达到我的境界，我说关键是看书，从书本中吸取知识和营养。然后他模仿我的讲课方式，把我讲的背下来，这里面有我从导师那里传承过来的思维方式。

很久后，他又问我，怎么能够讲到一天 1 万元？我想这家伙肯定掉钱眼儿里了。如果一个人不把注意力集中在能力的发展上，是不会有出息的，不会成为一个自食其力的人，不会成为一个靠本事吃饭的人，最终只能在江湖上瞎混，成为一个十足的投机取巧的人。

这就像一个赌徒一样，开始只是觉得好玩，一不小心，蚀了本钱，越陷越深，最终成了一个十足的赌徒，白白浪费了青春年华，一点本事都没长。

我语重心长地告诫他，功到自然成，如果你值这个价，别人就会付这个钱。开始的时候，就当练手，钱少点怕什么？你也可以花钱请人来听课，请别人陪你练。他说，这不可以吧？意思是，这太丢人了！

丢一次人怕什么？怕的是丢一辈子人。出钱请人来听课怕什么？怕的是一辈子出钱请人来听课，怕的是当一辈子吃瓜群众，花钱听人神侃。

现在的一些年轻人，好多话都听不进去。我真的认为，劝人读书，劝人靠本事吃饭太难了。

人与人生

8

人为什么要活着

绝大部分人没有想过这个问题，更不要说有什么答案。

20年前，我在十堰二汽讲课，有个小伙子突然站起来问我，他为什么活着？

当时，我很蒙，顺口说了一句：从逻辑上说，你必须先弄清楚为什么生出来，然后才能回答为什么活着。

估计那个小伙子被我说蒙了，开始刨根问底，又问我他为什么生出来？

我说：回家问你妈去。我猜，你生出来是没有意义的，是你爹妈一不小心把你给生出来了。你出生，是你爹妈的主意，不是为了你。因此，你活着是没有意义的。

我这话听起来很像在骂人。为了缓和气氛，我只能接着往下说：

你我都一样，来到这世上，是没有意义的。要使自己的人生变得有意义，必须自我定义。

我不知道猫和狗是怎么想的，也不知道它们会不会去想，上帝赋予了它们生命，苟且偷生也能活着。活着就是它们生命的全部，活着就是它们的本意。有个电影，名称就是《活着》。

在我们人类看来，猫和狗是不需要定义的，它们不需要使自己的生命变得有意义。从这个意义上说，猫和狗比我们活得自在，随时能放下，随时能放空，中间毫无障碍。

言下之意，一个人不能定义人生，赋予生命意义，与猫和狗无异。

我知道这要坏事，那个小伙子肯定不依不饶。果然，他接着问，如何定义人生？如何使生命变得有意义？

我只能打比方：比方说，想当很大的官，想挣很多钱，想游手好闲。终于，那个小伙子和颜悦色地说，他懂了。

我的直觉告诉自己，这不是我想要的结果。当时，十堰二汽有300多人在听我讲，在大庭广众下讲这些话，定会招人咒骂。为人师表，遵循师道，我还是懂的。

我说：小伙子，你没懂。这世上，想升官发财当老爷的人多的是，凭什么？必须成就他人，才能成就自己。孔子说了，己欲立先立人，己欲达先达人。所谓成人达己。

这一点，已经成为社会交往的通则，不言而喻，人人都知道。这是我们生而为人，摆脱动物世界的原因。没有这一点，人类至今还只能与豺狼为伍，混迹于猫狗。

人类社会已经文明进步了，可是企业界依然崇尚丛林法则，弱肉强食。经济学家弗里德曼用理论阐述他的思想，认为企业以盈利为目的。中国好像也有经济学家这么说，他们认为企业的目的就是利润最大化。一些商人老板说出来的话就更狠了：企业不盈利就是犯罪。

这让管理学家德鲁克很失望，他反复强调，利润只是一个结果，是企业给顾客做了贡献之后的一个结果。利润只是一个衡量指标，衡量一个企业是否做了贡献，是否创造出了价值。没有利润，表明一个企业没有创造价值，入不敷出。

如果一个企业以盈利为目的，以挣钱为动机，而不是为顾客创造价值，那么这和一个人追求升官发财当老爷，又有什么区别呢？所以，德鲁克说了，企业只有一个恰当的定义，这就是创造顾客。

失望之余，德鲁克在后期转向对慈善机构的研究，转向对非营利组织的研究。我猜，老先生想从这些机构中找到答案，让企业界警醒，不要以利润为目的，要以顾客为目的。

我曾看到一则报道，说有一个英国人，跑到中国来救助有困难的人，在西安办了一个厨房，取名黄河慈善厨房。

就这样，12年来，慈善厨房从1个人开始，现在已经有了11 000名志愿者，举办了2000场慈善活动，派发了15万份食物、6万份衣物、110辆轮椅，并且，使90多个流浪者找到了工作，帮助了无数孩子回家。

我们应该记住这个英国人，他叫托尼。西安当地人把他尊称为洋雷锋。他于 1964 年出生，靠自己的打拼，成为英国一个年轻的富豪。也许是神谕，也许他想换一种活法，他卖掉了自己的公司和家产，走上了帮助他人的道路，且乐此不疲。

企业就是一桩助人为乐的事业，产业文明的钥匙就在于此。托尼的人生很快乐，他已经找到了这把钥匙。

把顾客当作需要帮助的人，用企业整合的资源，包括人财物、关系和条件，来帮助需要帮助的顾客，是一件让人感到快乐的事情，一件让全体员工感到神圣和快乐的事情。

每一个员工，在企业的职业生涯中，会真真切切地感受到人生的意义和价值，就像托尼感召的一万多名志愿者那样，在帮助那些需要帮助的人的过程中，找到了自我，找到了生命的意义。

9

人可以活多久

我上了岁数以后，对年龄很敏感，不能提；也懒得出门，尤其懒得外出讲课。企业中的人见了我，不知道出于什么动机，总要说"老先生，您请坐"，弄得我很不好意思，不想在江湖上混了，怕别人说我老不死的。

我看了一篇文章后，似乎使我有了一点自信。文章说，到了2045年，人类可以长生不老。说这话的人，是谷歌首席未来学家库兹韦尔。据说，30年来，他的预测没有错过。为此，库兹韦尔正在努力，节衣缩食，准备活到那一天。信不信由你，反正孙正义信了。

一个人究竟能活多久，是不确定的。天灾人祸，五谷杂粮，谁都不能确定自己能活多久。确定的是什么时候出生，现在多少岁。于是就有了年龄段的划分——老年、中年、青年，就有了到年龄退休的政策，这是现代社会的误区。我就是这样，不由自主地跻身于退休人员的行列。

退休，意味着颐养天年，过无所事事的日子，实质上，就是过着"等死"的日子。

有些人比较知趣，60岁退休，61岁死了。有些人不太知趣，退休以后还活了40多年，把儿孙都熬走了，白发人送黑发人。不过，有更好的选择，不失为知趣，这就是和广场舞大妈一起跳舞，躲着年轻人，自得其乐。

听说有的国家历史上有这样的风俗，人老了，不中用了，就把他们背上山喂狼，确保年轻人或年幼的后辈能够活下来。年纪大了，真的该死吗？

父母去世以后，我心里总有一个念头，接下来该轮到我了。尽管大家都在说，黄泉路上无老少，但等死的念头一直在那儿，挥之不去。尽管大家都在说，要敬老爱幼，但我总觉得这只是说说而已。

产生这种念头，究竟是自己的原因，还是社会的原因？我觉得，多半是社会的原因。我一直认为，退休年龄不能一刀切。有些人只能活60岁，打一个八折，48岁就应该退休。有些人能活100岁，打个八折，80岁退休，这是公正合理的。

对那些很想活、很能活的人，不能打击他们的自信心。要不然，他们会真的觉得自己老了，不中用了，自暴自弃。

最可气的是有些年轻人，觉得老人就应该早早地退出历史舞台，不要惹是生非，给儿女添麻烦，最好让出自己的资产权益，早早地转给儿孙，以免活糊涂了之后，被人骗。

相信库兹韦尔的话，对我来说是有意义的。我可以理直气壮地对大家说，别打我的主意，我的人生目标是，你们百年之后我还活着。

凭什么我属于老年人，你们算年轻人？听说过颐养天年这个词吗？知道"天年"是几年吗？查查字典，查查出处，古人早就告诉我们，天年是 120 岁。60 岁的人只能算是中年，不是老年。

再说了，世界各地的平均寿命正在延长，据说一年延长一岁。年龄已经成为一个相对的概念。一个 60 岁的人，如果能活 200 岁，应该算个青年人。一个 40 岁的人，如果只能活 60 岁，那就是一个老年人。

现在的老年人，或被误认为的老年人，要准备好了颐养天年。尽管我们改变不了世俗的观念，也改变不了年轻人对我们的态度，但我们还是有机会掌握自己的命运。

西方人退休了以后，请一个律师，立下遗嘱，然后跟子女说，你们谁赡养我一天，我就给谁一天的钱，比如，每月 2 万美元。身后之事都交给律师，余下的钱全部捐给慈善机构，免得子女惦记自己的遗产。

我曾经建议一家企业设立企业的退养基金。那些资深的骨干员工，那些曾经为企业立下汗马功劳的员工，进入企业的命运共同体。在退养的时候，他们把全部的钱或财产投入到企业退养基金之中，未来，他们以及他们老伴的生老病死，由企业负责到底，包括每月的生活费。

　　他们可以跟西方人一样，跟儿女说，谁赡养我一天，谁就可以拿到一天的钱。比如，一个月 2 万元，或更多。

　　在这种情况下，每个子女惦记的是父母能活多久，认为父母要是再活 100 年就好了。

　　一个人能活多久，在很大程度上取决于他人期望你活多久，尤其是自己的亲人或子女。

10

没有人天生是冠军

　　没有人可以轻易掌握一项技能，何况是管理，一门理论性和实践性都很强的技能，除了勤学苦练外，一定还需要强大的外在约束力。这种外在约束力，只能来自好的老板或好的导师，就像西点军校的教官，既严厉又循循善诱。

　　在这强大的外力约束下，有志于掌握管理理论和实践的人，才会慢慢学进去，才会体会到理论应用实践过程中的魅力，最终形成学习的内驱力。这个过程大约需要 5 ~ 8 年的时间。

　　我看了一部印度的电影《摔跤吧！爸爸》，很有感触，没有人天生是冠军。

　　电影中的主人公是一个摔跤手，怀揣着一个梦想——为印度赢得一块世界金牌。当梦想落空以后，他寄希望于后代，但老天爷不作美，他一直没有儿子，不得已，他选择让两个女儿来完成自己的凤愿。

主人公只是一个普通人，为了圆一个梦，一个对得起自己这条命的梦，全然不顾世俗的耻笑。他日复一日，年复一年，对女儿进行训练，几近强制。在漫长的十年中，他强拉硬拽，使两个女儿逐渐接受，并最终醒悟，演绎了一出父女共创未来的感人故事。

这是一个真实的故事，它改变了印度许多女孩的命运，使她们不再相信，女人天生就应该围着锅台转，打破了世俗认定的偏见。同时，它也破除了对正统教练机构的迷信。可以说，这个真实的故事，是一次有益的社会实践。

原本，对我来说，陪家人看一场电影是一种娱乐，放松放松紧绷的神经。前两天，体检医生告诉我，从脉相上看，我似有淤结，需要放松。这是对的，文武之道，一张一弛。

从结果上看，这部电影似乎是为我拍为我放的，算是一个励志的故事。我就是那个主人公摔跤手，一根筋，就想做一件破天荒的事。无论成功与否，都是社会中的一种实践，一种有益的社会实践。

如同摔跤手登场之前，印度没有拿过世界级的金牌一样，中国还没有真正意义上的管理教育，只有管理方面的培训，只有管理方面的启蒙教育。

通常情况下，人们只是以轻松愉快的心情，以开脑洞的意愿，穿梭于各种演讲课堂，分享着大V、大咖的心得体会。人们并没有把管理当作一项本事与技能，去接受真正意义上的教育与训练。

对企业而言，情况大体如此，还没有形成强大的内生力量与意愿，按照具体实践的要求，以及培育和健全管理系统的要求，对企业的经理人阶层，展开有组织、有计划的教育和训练。管理教育流于形式，或更像是一种福利。

包子堂想顺应时代的潮流，开启管理教育的先河，促进企业及个人成为管理的行家里手，成为理论与实践结合的行家里手。学管理，到包子堂。

11

没人知道你是谁

当你做了一件好事，你会感受到这一点：没人知道你是谁。

当你做了一件坏事，你最庆幸的是：没人知道你是谁。

好事不出门，坏事传千里。要想成为一个好人，最好记住这句话：没人知道你是谁。

如果担心，担心别人知道，就要三思而行，你想做的未必是好事。

好事与坏事，好人与坏人，并不绝对，也不那么简单。稳妥的做法就是，千万别让人知道你做的事。你认为的好事，很容易被人讹传为坏事。

只有坏事全不做，好事全不说，方能福寿康宁。

十多年前，邻居家出了点事，丈夫得肝癌去世了，享年40岁。

妻子伤心欲绝，整天以泪洗面，不时独自外出，一路流泪，一路追思。他们曾经花前月下，卿卿我我，往事并不如烟。

不知道谁的主意，一致认为只有我能劝住她。我进门一看，三个娘儿们正陪着她哭，只能进里屋单独说话，半小时后她不哭了，以后也不哭了。好事者问我怎么做到的，我只能说忘了。

我不说，没人知道我是谁。我说了，谁都能给我打上标签，认定我是谁，到时我有口难辩，越描越黑。

当时，我说了三点意见：第一，眼睛哭瞎了，谁会来照顾你的女儿？别人不会，我也不会。第二，你丈夫活得不容易，生不如死。解脱了，不用再生闷气，不再受病痛折磨。第三，你的不幸引来的是别人的同情与可怜。外屋的三个人是来找心理平衡的，过去羡慕你，今天终于可以可怜你了。

我说完了，她不哭了，我就走了，算是完成了任务，没有辜负他人的嘱托。

这种好事能说吗？说出去，就会被人误解。看过《范进中举》的人都知道，没办法，只能打文曲星一巴掌。

有个女博士，产生了轻生的念头，导师闻讯赶来，苦口婆心，规劝了半天。没想到，一个小时以后，她跳楼了。

要是我，这件事不会发生。我会告诉她，这世上没人知道你是谁，即便纵身一跃，弄出很大动静，也没人知道你是谁。

　　美国的警察都知道，那些站在楼顶上准备往下跳的人，都有一种普遍的心理，认为自己很了不起，让别人后悔都来不及。

　　警察会展示几张大幅的照片，明确告诉轻生者，站在上面是个人，跳下去就是一具尸体，没人知道你是谁，更没人对尸体有兴趣。

12

天生就是草民

是非曲直即黄河，不干不净入东海。不知道是谁写的，可能是我，可能是草民，真毁三观。

日本的一个老头，60 岁退休，75 岁成名，用 Excel 画画。可能我也要走这个路了，60 岁退休，75 岁做出点新鲜事来，用互联网创办大学。

这老头，本来就喜欢画画，画画需要颜料，舍不得花钱买，于是用计算机中的 Excel 表。表上有各种颜色，不需要花钱，随便点用，而且还有透明颜色，怎么调都可以，反正是透明的。

我这老头，本来就喜欢教书，教书需要场地，没钱可花，于是用互联网＋手机。反正我闲来无事，别人也懒得理我，平日里就是看看手机，那就用手机教书。自古至今，教书育人，无可厚非，草民能干的就是这些事情。

办个互联网大学，叫什么名字？互联网玩法，别人有小米，那我们就叫包子。小米配包子，还挺好。

此"包子"不是吃的，不能混同于包子店、包子铺，不得已，只能叫"包子堂"了，让包子登大雅之堂。学管理，到包子堂。居然，这名字叫响了。

用了一年时间，几乎没花什么钱，包子堂互联网大学筹建完成了。

我们的境况，如同当年的牛津大学。话说，有一批老师与学生，横渡英吉利海峡，在英伦三岛到处流浪，美其名曰游学，其实就是居无定所，无家可归，跟孔子当年游学的状况差不多。后来牛津小镇把这群师生留了下来。由于小镇人的好客，才有了今天的牛津大学。当然，还有由于山东人的好客，才有了孔圣人。

从古至今，了不起的机构和个人开始的时候都是草民，但架不住干上十年、二十年，情况也就变了。

怎么变？教育工作我已经干了三四十年了，再用互联网干上一二十年，我想，王八也能成精，情况怎么会不变呢？

当然王八成不了精英，作为草民，别老想着自己是精英，其实时代已经变了，互联网时代了，凤凰也会变鸡。草民就是草民，充其量也就是草民中的精英。

教育是个大概念，需要聚焦，什么都想干，最终将一事无成。不聚焦就没有战略，不集中就没有战略，这我们是懂的。

包子堂的教育领域就是组织与管理，方向就是互联网转型和互联网创新，方式就是理论联系实际。

很多人都想挤进来，这就坏了，好事能变成坏事。在创办伊始，包子堂互联网大学容纳不下那么多人。不得已，我们只能把互联网大学分为两个部分，一个部分叫"校园"，另一个部分叫"教室"。

我们计划2000人进"校园"，500人进"教室"。很多人以为进"教室"是一种特权，因为暂时不能进"教室"而生气。错了，包子堂没有特权阶层，都是草民。

我们首先要解决一个社会上的痛点：万众创业，万民创新。很多人正在盲目地创业和创新。他们根本不知道世事艰难，也没有洞察人心的本领，更不要说人情练达了。包子堂要帮助这些年轻人，帮助这些年轻人背后的家长，让他们跟着包子堂走，通过理论学习走向实践，完成共同创业。我们计划进入包子堂班级的学员，应该是85后或90后。

那些事业有成，或正在创业的包友，先进入互联网大学的"校园"，在那里可以自由点击我们的课程。这不妨碍他们学习，我们会向他们传播包子堂的思想。

等到包子堂办大学的能力逐渐增强，功能型团队逐渐成长，进"教室"学习的体验更好的时候，大家再一起进来也不迟。

我们天生就是草民，草民绝不孤芳自赏，依靠相互依偎，支撑一片天地。

13
男儿当自强

　　我有个学生，自视甚高，时至今日，依然不知道自己想干什么，更不知道自己能干什么，以为在我这儿弄块肉，就可以在外面混饭吃，似乎天下没有他不知道的事，也没有他不认识的人。他整天忙着找人，骨子里只为一件事瞎忙——投机，憋一个大的。这一晃就是十几年过去了，他依然还是这个样子，惶惶乎，不可终日。

　　好几次我想劝他，快 40 岁的人了，别跟小青年那样，穿着文化衫，黑底白字，整天瞎忙，到处混圈，不会有什么结果。即便天上掉馅饼，也不会砸在你的头上。

　　我不知道这种人会有什么出息，不就是挣点钱吗？即使投机或投资成了，又怎样？内心依然无依无靠，不充实。除了要挣钱以外，人生没有目标，也没有追求。哪怕做个梦也行啊，好不容易睡着一回，梦见的还只是钱。醒来只能仰天长啸，何时挣得财务自由？

　　我有时候对别人说，财务自由是一件很容易的事，于是就会被进一步问道：现如今，一个人的财务自由，到底是多少钱？我的回答是：钱多多花点，钱少少花点，你的财务就自由了。要是想过着花天酒地的日子，你的财务永远不会自由。

　　手上宽裕的时候，不要急于去挣钱，更不要想着以钱生钱。留点时间和精力去学习，多钻研自己的专业或工作。应用各种知识、经验和技能于自己的专业工作之中，在事情上练，穷尽方法，不遗余力。精于一道，以此为生，获取自己在这世上的存在价值。你的人生就进入了良性循环，财务就自由了，也就是说不会再为钱而忙碌，被钱所困扰。

　　人靠本事吃饭，狗靠乞讨活命。不要有事没事去混圈，那个地方不会有什么结果。不要张口闭口我认识谁，我跟谁照过相，我跟谁吃过饭，那个没用，一毛钱都不值。尤其是那些大V、大咖，眼睛都长在头顶上，每年都要跟成千上万人照相，你要没两下子，他根本不认识你。

　　换个角度说，你要是跟这些人混久了，想要找回一点自尊都很困难。在那些高大上的圈子里，你充其量就是一个草根，那些大V、大咖不会在意你，也不会在乎你。相反，你的存在却成了他们彰显自尊的吃瓜群众。

　　我的那位学生，不知道他自己明白还是不明白，整天去与那些大V、大咖和土豪盘道，充当一回又一回的草根，这一辈子的人生有意思吗？

更可怜的是某些 EMBA 学生，花几十万去混圈，强作欢笑，到头来竹篮打水一场空，有权有势的人只跟有权有势的人打交道。百亿身价的人不会跟十亿身价的人混。经济地位决定阶级感情，人之常情，差一个零都不行。哪怕你们是同学，也不可能跨越这个鸿沟。你以为成了包友，就一家亲了吗？

想明白这个道理，多花点时间和精力，培养自己的读书习惯和读书能力。包子堂希望通过有计划、有组织的拆书活动，互动激励，帮助大家养成阅读的习惯与阅读的能力。

希望大家珍惜这次机会，不要到包子堂来打洞，做自己的小买卖；也不要本末倒置，花很多时间和精力去社交或拉关系。这没有意义，这不是什么社区商务，这是浪费时间和精力，不会有什么结果。我并不反对社交，我强调的是阅读的习惯和能力。

14

不当"高素质的普通人"

我带过很多学生,他们基本上都读不懂经典的管理学著作,对他们来讲,阅读经典的管理学著作是一件很费脑的事。我曾经花了一年时间,每周一次,带他们一起阅读德鲁克《管理》这本书,那是1998年的事。至今为止,我依然不确信他们是否读懂了这本书。如果连这本书都读不懂,我真不知道他们何以在组织与管理领域中安身立命,何以在产业社会中混迹江湖。

我想,也许他们在这条道上没遇到过真正懂行的高手,或者,在遇到真人时不说话,谁都有权保持沉默。

互联网时代了,很多人会变成高素质的普通人,有事没事点个赞,发一个搞笑的表情包和段子,或者转帖一篇文章,不管看过没看过,看懂没看懂,反正你是懂的,遇到什么问题,问"度娘"。

原本喜欢思考的人,或很有希望成为有思想的人,现在不敢思考了，也不想思考或懒得思考了。久而久之，他们必然成为"高素质的普通人"。互联网也许成为绝大部分懒得思考的人的工具。

这只是我的一种担心，这也没有什么。绝大部分人懒得思考，这恰恰是我们的机会。我们完全可以利用互联网，利用包子堂的学习型社区，变成积极思考的人。这是符合哲学的，凡事都有两面性，好的一面和坏的一面。

想学会思考，想成为一个有思想的人，就请到包子堂来，经过共同的努力，把包子堂建设成一个互联网化的学习型社区。

我们可以在这里一起读书，一起拆书，相互交流各自的心得体会。哪怕你能提出一些好的问题，都是一种对这个学习型社区的贡献。随着时光的推移，我们会在这个社区中，在组织与管理领域中，获得与提高我们各自的素养，一种理论与实际相结合的素养。学管理，请到包子堂来。

当然，这句话也可以反过来读，不想学管理，不想获得理论联系实际的素养，就不要到包子堂互联网大学来。包子堂互联网大学有理由仿效一般大学的规则，也希望每一个学员能够按照"接受教育"的要求，以及教学大纲和课程进度，做出真心实意的承诺。

否则，就像我以前教过的一些学生那样，心不在焉，装装样子而已，每周硬着头皮来见我，不动脑子，学不进去，尽说一些不沾边的话，辜负了我的一片好意。

那个时候，我实行的教育方式是"先预习，后交流"，用现在网络上的教育术语说，就是"反转课堂"，线上自学，听老师的课程，线下交流，遇到共同的疑难问题，由主讲老师来统一解答。统一解答的时候，我们邀请一些学员进摄像棚，把主讲老师解答的过程和学员提问的过程记录下来，再制作成课程，反馈给所有学员。

这些答疑的课程，就成为我们的经验数据库，后面的学员再遇到类似的问题，就可以从数据库中提取有关解答的课程。如此这般，学习的效能就会不断提高。这是互联网时代给我们的恩惠。

如果你不想接受这样的教育及制定的规则，也没关系，教育者和被教育者是双向自愿的选择。至少我不会因此而感到沮丧，就像我对待过去的学生那样坦然处之。包子堂互联网大学是一件良心上的事情，无论你们听得进去，还是听不进去，我点到为止就是了。

我们现在选择的只是两个班级：一个是郑州班，另一个是南京班，总共有 80 ～ 100 名学员。他们已经准备了两个多月，已经组成了"班级"，4 月中旬就可以上线，就可以进"教室"学习了。

这两个班的主管，也就是事务所的总干事，他们花了很大的精力，一个学员一个学员地私聊、沟通与面谈。其他事务所做得如何，我不是很清楚。你们可以开始着手组织班级，有关情况你们可以向南京和郑州两个事务所请教。

凡是没有准备好的，或不能进"班级"的学员，可以请他们上互联网大学的"校园"，自行点击课程进行学习。

　　我们的后台能看到他们的学习情况，所谓大数据分析。凡是勤快的，点击课程多的，我们会定向募集他们进入"班级"，并由各地事务所负责他们线下学习的组织与管理工作。一切都由数据说话。这也是包子堂互联网大学的规矩，无规矩不成方圆，否则，我们办不好教育，一切努力都会付之东流。

15

让生命更灿烂

1978 年，我离开上海锅炉厂到北京上大学——中国人民大学。临行前，我在工厂的同事送我一支笔，笔杆上写了一行字，成为我人生的座右铭：世界上的一切，我都想知道。现在我改了这条座右铭：让生命更灿烂。

我庆幸，小小的年纪，就回答了人生中的一个最大的问题——人为什么活着？活着就是让生命绽放出它应有的灿烂。

也许因为有了这个座右铭，也许因为我回答了人为什么活着，我这一生过得很快乐。尽管遇到过很多艰难困苦的时刻，但我都能够坦然处之。我知道，很多人并不在意我的人生，但我确信的是，这世上没人会可怜我，也不会有人认为我活得窝囊。这就够了，我还能祈求什么呢？

我曾经羡慕过别人有钱，后来想明白了，别人的钱是别人的，与我何干？我再怎么羡慕，自己也不会有很多钱。于是，我就没有再羡慕下去，没有患上"势利眼"的毛病，没有羡慕妒忌恨。

曾几何时，我从导师身上就看到了一种精神，一种依靠思想和见解自立于天地之间的精神。我下决心追随导师，一追就是十年，不知不觉人到中年。在这个过程中，我体会到了智慧上的愉悦。

我非常庆幸，在我人生道路上遇到了导师，教我如何做人，教我如何做事。人的一生应该有三个引路人，最初的引路人是父母，上学以后就是老师，最后就是上司或主管领导。经过三个引路人之后，你就毕业了，剩下的事只能向天地学习，道法自然。古人讲"天地君亲师"。

1995 年，我 40 岁，有一位先生问我，你猜猜看，谁是商学院最年轻的教授。我环顾左右而言他，最后弄明白了，是我本人。此时此刻，我觉得上帝对我不薄。我除了感恩，没有别的非分之想。

创办包子堂是我自讨苦吃的事情，我相信互联网化的教育是一个方向。尽管我是一位难民，互联网的难民，但我依然奋不顾身投身于此，经过一年多的努力，我开始成为互联网的移民。有人说，我是互联网转型最萌的教授。我心想，不能倚老卖老，站在难民营里说话，说三道四，评头品足，我应该投身到互联网的大潮中去看个究竟。

当我看明白了互联网是一件什么事情的时候，我就开始了包子堂的创业，我想创办一所互联网的大学，主要讲组织与管理领域的内容，结合互联网转型和创新的案例，探索互联网条件下的组织与管理。

　　我相信亚当·斯密讲的是对的，真正需要帮助的是那些草根以及草根企业。他们被大 V、大咖及企业压在了产业社会的底层，他们挣扎在生死线上，浴血奋战，支撑着一个产业社会的正常运行。

　　然而，我深深知道他们是一群不爱看书学习的人，也没养成读书的习惯和读书的能力。而且，他们希望像有钱人一样，在混圈子、拉关系中，改变人生及社会地位。

　　我没有别的选择，只能循循善诱，耐着性子，从长计议，让一些人、让更多的人接受教育，接受组织与管理学的教育。我坚信，只有教育，只有组织与管理学的教育，才能改变他们的人生。

　　对我而言，成败得失并非重要，重要的是我能以至诚之心做事，以至善之心待人。我坚信，包子堂的实践，一定会使自己的生命变得更加灿烂。

16

经营自己的人生

德鲁克有句话是很刺激的，他说有些人十年的工作经历，实际上只有一年的经验。透过这话，你可以想象得到，很多人是在混日子。

很多人直到老了，才知道生命是可以变得很精彩的。人最重要的是，不要掉在钱眼儿里，要学会经营自己的人生。

我有一位同事，也算是一位老师，1985 年以前，当我还在上研究生的时候，他就和其他老师一起外出讲课，挣钱挣得很高兴，一小时 5 元，溜溜儿讲了一年，挣得盆满钵满。

转过年来，讲课费涨到了一小时 10 元，太诱人，不可抗拒，身不由己，他又讲了一年。不幸的事情发生了，讲课费年年涨，他年年讲。一发而不能止，他一讲就是十年，讲课费涨了十年，一直讲到人废了为止，一小时 250 元。

前事不忘后事之师，当我登上讲课舞台之后，我就变得更加聪明了，开始懂得经营，经营自己的人生，走出了一条"教学—研究—咨询"三结合的道路，用现在的学术用语说，就是经营范式，人生的经营范式。概言之，讲一段时间课，挣点现钱之后，我就停下来。钱够花了，够一两年花的，我就去充充电，学习学习；或当当咨询顾问，了解了解实际情况。

不要管市场行情会不会涨，涨了跟你也没关系。肚里就这点墨水，能糊弄几天？从1987年到1992年，五年时间，我没讲过一堂课，等到博士学位拿到手，讲课费已经涨到一小时1000元，讲一天6000元，等于五年前讲十几天。

我比较欣赏日本的堤义清，眼光放得远，不为眼前的利益所动。第二次世界大战后，大家都忙于开发土地，引发地价飞涨。他按兵不动，成片置地，不搞开发，悠闲地过了十年，地价帮他挣了十年的钱。过了地价飞涨的年代，他的儿子堤义明接班，才着手成片开发土地，有了今天的西武百货。

在博士生期间，我更关注的是企业管理实践，跟着自己的导师，逐步进入顾问咨询行当，学一门新的手艺。

1988年，我进入了连云港三得利公司，作为项目的组长，花了几个月的时间，为学校的咨询公司挣了5万美元，我拿1000元人民币。钱虽然挣得不多，但很划算。

人生需要算大账。通过这个项目，我算是正式进入了咨询行列，学会了那个行当的套路，也算走在咨询行业的前列。最重要的是，我已经对企业管理的实践有了认识，这极大地提高了我留学日本的目的性。

在日本，我大量的时间是在找库本资料，找有价值的书籍。我既没有在大学听课，也没有在宿舍看书，而是白天找书，晚上复印，有点时间就去日本的企业参观或见习。

同期的留学生问我为什么不去日本公司打工，一小时 700 日元，相当于人民币 70 元。我说，这个钱不值得挣。我现在的价值是，知道什么是好书，什么书对企业有用。

这是很多人至今都比不了我的地方。我能按照自己认定的范式，十年磨一剑，构建起经营人生的模式。

人生没有什么比投资个人、给个人进行智力投资更划算的事了。世界不是我们想象的那样合乎逻辑，更不是我们认定的那样一成不变，唯有智力才能让我们体会到世界的精彩，并使精彩的世界发生在自己的身上，进入自己的生命之中，使自己的生命变得精彩。

现在我又重新启航，亲手砸碎自己的个体户模式，创建包子堂互联网大学，展开有组织的努力。请记住，我是互联网转型最萌的教授。

17
小 说 人 生

像看小说一样，置身事外，度过一生。德鲁克写了一本书《旁观者》，这是他自己的传记，烽火岁月，却无病无灾，享年96岁。他90多岁还能写书，心态真好。

看过小说的人都知道，自己是不会进去的，情绪不易波动；至少不会悲痛欲绝，或兴奋不已；不会断然绝交，或耿耿于怀。你很清楚，自己不在里面。

读小说是一种享受，享受神仙的待遇，阅尽沧桑巨变，不伤毫发；看完百年孤独，不损青春年华；天上一日，人间百年，尽情欣赏。

很多人喜欢读小说，还上瘾。美国人评选出来的100本小说，我几乎都没看过，专业人士哪有时间看小说。等我老了，闲下来之后，我一本一本慢慢地读，过一过神仙的日子。

绝大部分小说不是幻想出来的，都有人物原型，都是真实写照。100 本书里有《红楼梦》，我看过，是曹雪芹写的。开篇就说，满纸荒唐言，一把辛酸泪。后来他实在写不下去了，撒手人寰，伤心而死。曹雪芹还真的动了感情。

是梦还是人生，全靠自己转化。要想活得平静，就把人生当梦，当小说，尤其不要把自己往里放，不要在情感的纠结中与是非的纠缠中越陷越深。人生过不好，就像做噩梦。切记，遇到好梦你就装睡，遇到噩梦你就掐醒自己。

做旁观者，置身事外，谈何容易。简单的方法就是向前走，不要回头。千万别去写红楼梦，回顾过去，难免伤心。

有一个家伙说自己老了，日暮途穷，怎么办？结论居然是倒行逆施。这不太好，招人诟病。人老了，要积善行德，不倚老卖老，率性而为。

你只要铆足了劲向前走，不停地向前走，就可以让烦恼跟不上，让烦恼在你的脚后跟下暴土扬尘。哪怕甚嚣尘上，也不要停，停下必然灰头土脸。

只要你走远了，留下的往事就封尘了。除非你愿意，自寻烦恼，写本红楼梦。你走得越快，一切将越快成为过去。就像叔本华所说的那样，成为一段模糊的回忆，最终成为一个个抽象的符号。不生不灭，不喜不悲，涅槃寂静。

人生是很简单的，只要始终向前，勇敢挑战未来，挑战你自己，挑战一个一个前行目标，你就没有心思去回忆，就没有精力去多管闲事。烦恼也就离你而去，或烟消云散。

有人说我的心态真好，问我是怎么做到的。答案很简单，我使命在身，不是上帝给的，是我自找的。无论是谁给的，只要使命在身，人生就有奔头，俗不可耐的生活就会变得神圣。

快乐和悲哀是一种态度，完全由自己选择。幸福与痛苦是一种感觉，完全可以自我调节。比如，人终究都要死，何必为死操心。操心死了，冤不冤呢？找点事干，让自己忙起来，不失为明智的选择。

实在没事，站桩来打发时间。实在无聊，无聊的排队、无聊的等候、无聊的会议、无聊的发言，等等，那就站桩来驱赶无聊。半个小时、一个小时以后，心旷神怡、无忧无虑。人们把这叫作养生，中国的非物质文化遗产，非常管用。

活到老学到老，人生总有办法，把自己变成旁观者，把人生变成看小说，尽情享受神仙的待遇。

18

人生要有哲学

过去，我常说，40岁以前不要考虑挣钱的事情。这不是道德说教，这是人生的哲学。

我到40岁时，手头上没有什么钱。我23岁上大学，27岁考上研究生，接着上博士生，三年在国内，两年在日本，林林总总12年。所以，我跟别人说，本人在大学里读了12年书，毫不夸张。功到自然成，我学会了讲课。我曾经一度捡钱捡到腰疼，当然，比起弄一个亿玩玩，差太远了。

趁着年轻，去寻找一件值得干、自己也喜欢干的事情，人生自然会过得很幸福，也很满足；还能心安理得，自食其力。

尤其是在没有资本也没有本事的时候，你不要老追着钱，想着用钱去生钱，否则，你会被钱折磨死。邱永汉就说过，钱这东西也是嫌贫爱富的。《圣经》上提到过马太效应，讲的也是这个事情，越有越给予，越无越剥夺。

说句题外之话，现在的很多有钱人，早年也是打拼出来的，没什么资源，没什么人脉，只能靠打拼，敢拼才能赢。现如今，他们挣钱很容易，呼风唤雨、日进斗金、左右逢源、财气冲天。想当年，他们个个也都是卧薪尝胆、苦练内功之人。用我妈的话来说就是，吃得苦中苦，方为人上人。

千万别轻信讲课老师，这世上没有什么高招，也没有什么秘诀，全靠一个人的修行、修为，和艰苦卓绝的努力。大部分人只看到别人风光的一面，看不到别人吃苦的一面。按照巴纳德的说法，人们只记得住站起来的，记不住倒下去的。其实，倒下去的比站起来的要多得多，一将功成万骨枯。

以前我经常被人问到这样的问题：做什么买卖挣钱？搞什么项目挣钱？进入哪个市场挣钱？直到今天，还有人问我，哪只股票挣钱？买什么股挣钱？或者，哪个楼盘挣钱？买哪儿的房子挣钱？我说，打住！我要知道什么买卖挣钱，我绝不会讲课挣钱。我这一辈子只会讲课挣钱。

讲课不是一桩买卖，不是一种生意。在很多情况下，不是我在卖自己的课，而是别人在卖我的课。不是我会讲课挣钱，而是别人拿我挣钱。由此而论，我只是一个讲课老师，不是什么生意人。

当我在讲台上大侃特侃的时候，你千万别认为我很有招数，很懂买卖，我只是在讲课而已，是别人在拿我做买卖，拿我招徕生意，你千万别搞错了。

本来，教育是一件很神圣的事情，至少是一件很正经的事情，通过教育，让年轻人沉住气。就像诸葛亮对儿子说的那样，淡泊名利，宁静致远。我想，诸葛亮对自己的儿子是认真的，不会大肆忽悠。

我真心希望现在的年轻人，静下心来，培养自己的读书习惯和读书能力。趁着年轻，全力以赴去开启自己的大脑。唯有理论素养才会让你变得更优秀，更自在，更有出息。

19

人为什么需要朋友

之前我还真没考虑过这个问题，后来我看了一篇文章，讲罗布泊探险的亲身经历，真实感人，触及到了人生的真谛，人需要朋友。

在不毛之地，最难排遣的是寂寞。人是这样，动物也是这样，一切生灵都是这样。小树、小草和小花处在孤零零的状态下，可能也会寂寞而死。

这位探险者曾经听说过这样的事情，在沙漠中的商旅，到了夜晚，并不拴住骆驼，它不会独自走开，而且赶都赶不走，因为它需要人的陪伴，在沙漠里实在太寂寞了。

这种原始的感受，一般人是不会有的。这回，他真的收获了这种感受。他独自深入罗布泊腹地，寂寞难耐，每日里期待着能遇到活的生命，哪怕是一条毒蛇。他甚至像期待初恋情人一样，期待与任何生灵偶遇。

他不认为在这种地方能遇到什么生灵，结果与落单的一匹野狼不期而遇，但他毫不恐惧，毫无驱赶之意。他估计这匹狼也是前来找朋友的，在帐篷外转了很久，没有恶意，只想找一个人结伴而行。后来，他走出罗布泊，这匹狼就安静地走开了，真是一段绝妙的旅行。

人类脱离动物界后，生存的压力和发展的欲望左右着每一个人，人们需要进一步结伴而行，以抵抗风险、提高收益，这就有了原始的社会形态。

孟子描述的理想状态是，乡里同井，出入相友，守望相助，疾病相扶持。几千年的农耕文明，人们对待朋友的态度基本上没有改变，出入相友，守望相助，如此而已。

工业社会似乎改变了这一切，生存的压力降低了，发展的欲望膨胀了。我看过一本书《与天为敌》，它讲到过去的日子，今天和昨天是一样的，由此推断，明天和今天也是一样的，每一个人自然随遇而安、不思进取。现在情况变了，昨天、今天和明天可以大不一样。一些人、更多的人开始铤而走险，为美好的明天而奋斗，开创了奋斗者的时代。

为了实现更大的理想，为了实现更高的利益目标，人们开始广结善缘，广交朋友，张口闭口都是朋友。诸如，前不久刚认识一个朋友如何如何，昨晚跟几个朋友一起喝酒聊天如何如何，或者请朋友帮个忙，抽空坐坐，介绍几个朋友认识一下，等等。真可谓，我们的朋友遍天下！多个朋友多条路，多个敌人多堵墙。

实际上，现代的社会人已经没有什么朋友了，或者说，出入相友、守望相助的朋友越来越少了，更多的是生意伙伴、事业伙伴或商业伙伴。

商业伙伴和朋友是两回事，前者强调的是理性规则，后者注重的是伦理感情。现代社会很多人纠结的就是，分不清两者的本质区别。

用理性规则去处理朋友关系，人与人之间就变得生分了，彼此的情感发展不起来，感情不能寄托在朋友心中，不由得产生了孤独感。

反之，用伦理情感去处理商业伙伴的关系，而忽略制定规则的重要性，含含糊糊、不明不白，要么被别人玩弄感情，要么用感情绑架别人，最终连朋友也做不成了，只能仰天长啸，感叹人心不古。

现在的一些人越来越功利了，朋友已经成了一个符号，里面装的是工作伙伴或商业伙伴。有专家做过研究，认为每个人大概有 250 个朋友，对自己有帮助的也就是 20%，合乎 2 ：8 法则。意思是，交那么多朋友没用，有用的也就是 50 人，只要维护好这 50 人，就足够了。

我不由得想起了刘克庄的词：使李将军，遇高皇帝，万户侯何足道哉。披衣起，但凄凉感旧，慷慨生哀。这里的"朋友"，已经失去了情感寄托的内涵，至少不是情感寄托的对象。

就像德鲁克所说的那样，现代社会已经把人的工作和生活分开了。曾几何时，没工作的人是卑贱的，不工作的人是懒惰的。由此而论，工作取代了生活，成为人生的主旋律，成为每一个人生命的主旋律。按照新教徒的说法，生活的主旋律就是挣钱。

代表每一个人生命主旋律的词，就是"职业生涯"。没有工作的人也许连个朋友都没有，失去了精神寄托，失去了作为一个人应有的幸福感。据说幸福指数最高的地方，是非洲的某个部落。

出入相友、守望相助的朋友究竟在哪里呢？当然就在社区，就在社区商务方式，就在供求一体化的关系体系之中。在那里生活和工作重新融合，朋友和商业伙伴，以及工作伙伴可以变成一个概念。真诚的朋友关系，成为彼此结交的内涵。

大家或多或少知道这样一件事情，这就是"好茶不出圈"，很多上百年的老茶树已经被人买断了。过去在外务工的茶农，现在已经回到了家乡，成为真正的农民，专为买断茶树的人精心看护茶树，认真制作茶叶。生产者和消费者已经融为一体，供应者和需求者已经结成社区关系，结成一体化的关系体系。这种一体化的社区关系，就是相互依存、相互作用的"共同体"，彼此前呼后拥，称兄道弟，其乐融融。

互联网时代的来临、供求关系的直接对接、微信用户的爆发性增长，等等，预示着产业社会正在向社区化的社会回归，孟子理想中的村落正在回归，久违了的"朋友"正在向你走来。

20

跳出朋友圈

50 岁以前要混圈，资源都在圈里，混的圈越多，人脉越广，左右逢源，人生的道路越走越宽广，就像企业的战略一样，不在于正确性，而在于自由度。

50 岁以后正好相反，要做减法，从朋友圈里跳出来，减少迎来送往，减少逢场作戏，努力活一回自己，触摸一下自己生命的真实存在。

圈子是累赘，彼此相互绑架，为了讨好别人，维持群体的存在，往往会付出代价。

"文革"开始的时候，我十一二岁，纯阳之体，精力旺盛，与弄堂里的一群孩子到处找乐，一玩就是一整天，大人也管不了我们，很开心，穷开心。

不久，就有了圈，有了朋友圈，在大人眼里，我们就是一群玩伴，组成了一个小朋友圈，他们对此很不在意。

随着时光的流逝，我们这些孩子一天天长大了，有了圈子文化，有了群体意识，只要碰在一起，就想干点出格的事，就想体验一下大人的特权，到处惹是生非，人见人骂。

我曾经被邻居诅咒，"要么楼上，要么楼下"，翻译成普通话就是，要么人上人，要么阶下囚。老实巴交的家长像防野狗似的把篱笆扎紧，不让家中的孩子跟我接触。

那个时候，我娘经常说的话就是：你要给我争口气，别到处惹是生非。其实我也不想这么干，但朋友之间总得讲点义气，不然怎么在一起混呢？

我娘无可奈何，终下决心，举家搬迁到我父亲那里，演绎了孟母三迁的故事，那时我父亲在镇江工作。

我与弄堂里的那些孩子从此不再往来。后来，我听说他们都去闯荡江湖了，身上没钱，一路扒货物列车去哥哥姐姐插队的地方探亲访友。

人生的命运从此改变，在我父亲那里，我没了朋友，没了朋友圈的那点儿烂事，居然学会了看书，养成了读书的习惯和读书的爱好，后来就上了大学，再后来成了大学的老师。

那天，我娘听说我要在中央二台讲课，把家里的彩电搬到弄堂里，使劲招呼邻里来看电视。很多人都很纳闷，这破弄堂里竟飞出一只金凤凰。我的老家是上海的下之角，整个街道就没出过一个博士、一个教授，之前没有，之后有没有还不知道。我娘终于扬眉吐气了一把。

过去的那些小兄弟，结果都很惨，有的赌博，有的吸毒，判了刑，进了监狱。其中有一位三进三出，走上了不归之路。

还有一位发小，在上海高桥杀人越货，被判了死刑。我弟弟告诉我这件事的时候，我很惊讶。这家伙原来胆子很小，是我的一个马仔。没想到他变化那么大，居然如此胆大妄为。

50岁以后，人将会变得很成熟，知道自己想干什么，自己能干什么，那就应该赶紧行动，活出自己。最为紧要的事情，就是德鲁克说的那句话：要想走向未来，必先摆脱过去。走向未来与摆脱过去是两件不同的事情。

我现在的心境是，跳出以前的朋友圈。不为名，不为利，只为上帝赋予的生命。

21

活在当下

最近，我看了个电影《太空旅客》，讲的是 5000 个旅客躺在休眠箱里，航行 120 年，往别的星球移民，该星球被称为"新家园"。太空飞船的航速是"光速"的一半，也就是说，新家园距离地球 60 光年，实在太遥远了。

这些旅客都有一个愿望：摆脱现实的困扰，追寻美好的未来。于是他们义无反顾地踏上了充满风险和不确定的旅途。

毫无疑问，这美好的未来是由那些星球移民公司描述的。换言之，那些踏上漫长征途的太空旅客多半是被别人忽悠了，他们脑子中的美好未来是别人塑造出来的。当然，根源还是太空旅客对现实的不满。他们希望用想象中的美好未来，去驱赶对现实的不满。

现实中的很多人好像都是这样，对自己的现状不满意，或者说，对自己的现状从来就没有满意过。天长日久，他们就会萌生一种情感，希望换一种活法，去重新创造一个理想中的未来，尤其是一些年轻人会做这样的梦。他们从来没有掂量过自己有没有能力去创造一个美好的未来，也从来未证明过自己有这样的能力去创造一个美好的未来。

很多年轻人不是现实的压力太大，不是现实活不下去了，而是个人发展的欲望膨胀了。他们把膨胀了的欲望装进未来的梦想之中，或者在膨胀的欲望上构筑未来的梦想，并美其名曰志存高远。他们或创业，或留学，只想花家长的钱，从未想过用每一天的拼搏精神去感动家长，从未想过要用当下的实际行动和表现赢得家长的信任与支持。

有一句话是这么说的：现实很骨感，梦想很丰满。也许这描述的就是那些人，构筑梦想，逃避现实。殊不知，这里存在着极大的风险，弄不好会跌入深渊。我提醒大家，务必先想清楚，而后张开翅膀，去追寻梦想中的未来。

大约 20 年前，有个邻居跑来跟我说，她想跟自己的丈夫离婚。我说，结束不幸的婚姻，对双方都是一件幸事。这不是我的观点，是恩格斯的观点，但我赞同这个观点。然而，我想听听理由，打算离婚的理由。她的回答是，丈夫不尊重她。

尊重一定是双方的，最简单的方式就是排序。据我所知，她丈夫心目中的排序，第一位是妻子，第二位是妻子，第三位还是妻子。而丈夫在她心目中的排序如何呢？第一位是孩子，第二位是佛主，第三位是母亲。结果不言自明，离婚的理由不成立。

我猜，真实的情况是她对现实的婚姻状况不满意，尝试着换一种活法，构想着未来美好的婚姻。想象中的未来往往是美好的，而且越想越美好。然而，很多人也许根本没有学会如何活在当下，就像这位女士那样，根本没有学会如何去经营好一个家庭，经营好夫妻关系。

一个人如果不理解人生，还没有获得人生的经营能力，甚至还没有能力去体会幸福，找不到幸福的感觉，就像这位女士那样，对丈夫给予的尊重和忍让熟视无睹，贸然去追寻梦想中的未来，那么人生的风险可想而知。

活在当下并不意味着忍辱负重、委曲求全或得过且过，而是要学会经营当下的人生，经营好当下，使自己变得更好，变得更强大，依靠积极的姿态与能力，使当下变得更具有未来意义。

每个人都需要做梦，哪怕已经过了做梦的年龄，也应该有自己的目标和方向感。怀揣着目标和梦想，是为了使自己的心态更积极，活下去的信念更坚定，相信明天一定会更好。当然这需要能力，需要有创造"负熵"的能力。

其实，未来往往不会变得更好，这是已经被证明了的事情。克劳修斯早在1854年就提出热力学"熵"的概念，认为未来只有可能变得越来越无序，越来越混乱。重要的是，如何学会享受每一天，并在每一天中变得更加超然、超然脱俗，更能适应混乱无序的现状。

电影《太空旅客》中的女主人公家境很好，个人也很有才华，就是找不到幸福的感觉，找不到如意郎君，甚至失去了活下去的信念，便贸然走上了太空旅途，去追寻子虚乌有的梦想。也许她从来没有反思过，离开了地球文明，她能在未来的新家园中过得更幸福吗？

　　在太空中航行了 30 年后，男女主人公过早地苏醒了过来，离到达目的地还有 90 年的时间。这意味着，他俩都会死在浩瀚的太空中，不可能活着到达目的地，活着到达一个令他们十分向往的新家园，沮丧和焦虑油然而生。

　　人生就是这么奇妙，一旦摆脱了现实的窘况，断了梦想的念头，就摆脱了梦想对现实的羁绊，人就变得更现实了，更加珍惜当下的每一天。结果男女主人公演绎了一段动人的爱情故事。

　　尽管这是一个虚构的故事，但影片的画面非常令人向往。两个人的世界，卿卿我我，恩恩爱爱，漫游在群星璀璨的太空中。幸福原来可以这样。比起花前月下的恋爱故事，这更动人魂魄、撩人心弦。

　　美好的未来只是我们好好活下去的信念，只有当下才是我们活出精彩的地方。

道与悟道

22

郁闷与发呆

我常想找一个山清水秀的地方发发呆。我常这么想，常这么说，发呆就成了我的名言，据说还流传起来了，唤起了很多人的同感，像是共振，像是量子纠缠。

"郁闷"好像也是我先用的，后来成了很多人的口头禅。一个人很无奈时会说"真郁闷"，看不懂时会说"真郁闷"，莫名其妙时会说"真郁闷"，遇到无理上司时会说"真郁闷"，等等，就像四川人说"恼火"一样。

说说它的来历。我的一个邻居是位有爱心的老师，看见一只野猫生了一窝小猫，产生了爱心，从此像伺候月子一样，每天送吃的、喝的。不料，有一天母猫不再进食，一直在那儿发呆，小猫不见了，邻居长叹了一口气，说了一句非常优雅的话：它太郁闷了。

这话飘到了我的耳朵里，动人心弦，触人灵魂，我的身体不由得一颤。郁闷一词，直抵身心灵。似乎多少年来，我一直在期待这个词的出现，太解恨了，就如好的广告语，可遇不可求，看似偶然一得，其实是从心底，乃至灵魂中呼唤出来的。

动荡的年代，生活的无奈难以排遣。于是，就有了"何以解忧，唯有杜康"的感叹，就有了"轻松一点，来根雪茄吧"的劝诱。

上海原住民非常小资，海派情调，独一无二。有一种酒，用广告语镶嵌到了小资的生活方式之中。在全国，喝这种酒的人很少，上海独一无二。这句广告语是"五月黄梅天，三星白兰地"，对仗工整、情景交融，有文化修养，上海人喜欢。

语言其实是很苍白的，能够表述的也就是大小多少，很难描述好吃、好喝、好玩、好乐。只有那些人情练达的悟道之人，才能感知到普遍的心境，并把人们的心声呼唤出来。

当过了郁闷的岁数后，我对很多事情都想开了，对自己、对别人不那么执着，就想找一个清静的地方发发呆。

我一直跟旅行社说，人们的需求是不断改变的，诸如，旅游、观光、度假、休闲、发呆，等等。像我这样酷爱旅游的人，已经开始追求内心的愉悦和安宁，不再像过去那样，追求感官上的满足。身与心，有了分别，有了转化。

内心的愉悦不依赖于物质刺激，不依赖于人事刺激，就像古人范仲淹所说，不以物喜，不以己悲。

范仲淹的困惑是，进退皆忧，何时而乐？他无意之中得一千古名句，供后人传诵：先天下之忧而忧，后天下之乐而乐。简称，先忧后乐。

一个人从郁闷转向发呆，从功名利禄转向空灵心境，自然会乐在其中。说白了，一个人只要想通了，就会变得包容而开放，愉悦的心情自然就会从心底油然而生。

没准有一天，心灵也会分离，心与灵，有了分别，有了转化。我猜，到了那个时候，一个人才会感知到自己灵魂真的存在。

就像母与子之间的关系，往往不是感性的，也不是理性的，而是灵性的。

讲个故事。老邻居家的一个儿子因吸毒而偷盗，三进三出监狱，无可救药。别人唯恐躲之不及，而他年迈的母亲十几年如一日，省吃俭用，攒点钱就去探监，临走时还再三叮嘱：一定要好好改造，重新做人。

如果问这位老母亲，何苦呢，何必苦了自己呢？你已经尽力了。她一定会说：你管不着！这就是灵性，不辨是非，无怨无悔。

23

人与人的差距

有一句话是这么说的：人比人该死，货比货得扔。遇到某个身心灵俱佳的人，死的心都有。人与人之间的差距，怎么会那么大呢？

当年，彼得大帝看到亚历山大的事迹，不由得流下了眼泪，羡慕妒忌恨！他这么年轻，就干出了如此伟业。相比之下，自己这把年纪一事无成。人比人，气死人。

这里存在着误区，按照高尔顿的说法，人与人之间的差距不那么大。高尔顿大家都不熟悉，但他的堂兄弟达尔文大家都知道。

他搞了一个人体测量研究所，专门测量人的外貌特征，比如身高、体重或力量什么的。他得出一个结论，人体的差距呈正态分布。同一个种群，极端高大的人和极端矮小的人都很少，大部分人都差不多。

　　这在当时也算是科学研究，高尔顿也算是科学家。科学家被誉为窥视上帝秘密的人，换句话说，这些秘密始终存在，等待科学家去发现。谁发现了，谁就是科学家，如果什么也没发现，这个人只能算是科学研究者。

　　发现了这个秘密，高尔顿就可以进行预测，比如，某个种群的平均身高是多少，身高超过2米的概率有多大；甚至还可以评估某个人是否属于某个种群，如果某个人超过2米，却自称是日本人，那么高尔顿一定会劝他回家好好看看家谱，或者问问父母自己究竟哪儿来的。科学面前人人平等，不容臆想。

　　根据上帝的秘密，高尔顿断言，高个子的父母生出来的孩子，一定矮于父亲或母亲。反之，矮个子父母的孩子，一定高于父亲或母亲。这就确保了物种的稳定性。

　　这种稳定性的秘密存在于物种之中，存在于种群之中，这就是"中值退化规律"。任何种群都存在着一个平均的身高值，所谓"中值"。在种群中，任何人繁衍的后代，都会向中值、向平均身高退化。

　　不妨试想一下，如果高个子父母繁衍的后代一直不向中值退化，那么几百年以后，他们上三楼就不需要爬楼梯，扒着窗户就进来了。反之，如果矮个子父母繁衍的后代一直不向中值退化，那么几百年以后，就会满地找不着他们，都变成了两条腿的虫，物种变了。

　　由此想到，在身心灵方面，每个人和周边的人差距不会太大，特别聪明和特别笨的人很少，大部分人不会有太大的差距。我在这里指的是，生物学意义上的差距不会太大。至少在青少年以前，任何一个人跟别人没什么差距，大家都差不多。

差距往往与外在的表现有关，比如，一个人身价过百亿，让人高看一等，觉得他了不起，被封为财智人物，把人晃得眼睛睁不开，好像他的智商很高。这实在是一个误会，殊不知，这跟别人的傻劲儿有关。

我见过很多大V、大咖，他们除了牛劲儿外，身心灵并不比我们高出很多，并没有达到神仙或半仙的量级。所谓了不起，其实都是钱闹的，人们被他们的身价或财富迷惑了。

我们这个社会越来越趋向于金钱社会，也称金钱本位。钱越多，能够调动的资源就越多。据说有了钱，还能收买人的良知和良心。于是，呼风唤雨的机会就越多，外在显现出来的势能就越大。借用古人的话说：长袖善舞，多钱善贾。

那些大V、大咖之所以能呼风唤雨，或有这样优异的表现，在于他们所建立的人与人之间的关系，在于他们所建立的利益关系圈，尤其在中国，这一点特别重要。

有个人去新加坡听了黄力泓的一堂课，然后写了一篇文章——"听一堂课39万，值!"，大家可以上网去看看。

黄力泓有一句话很给力：每个人都有朋友，比的是你能吸引什么样的人成为你的朋友。起点还在于你能不能自我修炼，在默默无闻的时候自我修炼，赢得他人的赏识。

话说回来，改革开放 40 年，社会的各个阶层和各个圈子都已经形成。混不进圈子，没人带你玩，你就只能当吃瓜群众，听别人神侃，成就他人，成就不了自己。要想出人头地，你必须另辟蹊径。

《易经》中说，一切都在变，变是不变的法则。佛法中说，诸事无常。老百姓说，三十年河东，三十年河西。

凡是不能动摇系统及其结构的动因，你不要去碰，那里没有机会。你要关注的是那些关键性的动因，这些动因会动摇某个系统的结构，最终使系统发生改变或瓦解。

我比较看好互联网这个动因，它会动摇现有的经济结构，改变产业社会系统的内在秩序。所以，我们要迅速向互联网移动，去触摸和拥抱互联网时代，在那里聚集起新的事业伙伴，形成新的朋友圈，培育新的事业基础，使无常发生在自己身上。

24

无常即机会

如果一切皆有常，那么我们这些草民将永远是草民。因为无常，三十年河东，三十年河西，我们就有可能成为精英。

我们成为精英的最大可能性，就是正在发生的未来，就是互联网，就是互联网的应用。

我大概花了一年多的时间，跟互联网的"原住民"瞎混，从而，使自己从互联网的难民营中出来，变成了互联网的"移民"。可怜那些大V、大咖，还在互联网的"难民营"里发牢骚，我已经成为互联网转型最萌的教授，创办了包子堂互联网大学。

互联网在那儿发酵已经很久了，互联网的"原住民"在那儿已经干了十多年了，少说也有19年的时间了。互联网已经渗透到了我们生活的方方面面，就像当年瓦特的蒸汽机一样，具有极强的渗透力。我们对此熟视无睹，将坐失千载难逢的良机。

当然，不是什么人都能看到正在发生的未来。当年，罗巴克与博尔顿就看到了正在发生的未来。当时女王陛下问博尔顿：你们在玩什么名堂？博尔顿说：人类的动力。女王觉得这话莫名其妙。后来，人们才明白博尔顿说的是什么。

瓦特和博尔顿，从1768年到1781年，长达10多年的合作，使伦敦、曼彻斯特和伯明翰的居民对蒸汽机入了迷。蒸汽机被广泛应用到炼铁、冶金、纺织业，为工业提供了动力，改变了英国的命运。

罗尔特在《詹姆斯·瓦特》中说道：瓦特蒸汽机巨大的、不知疲倦的威力，使生产方法以过去所不能想象的规模，走上了机械化道路。

当大家都知道蒸汽机意味着什么的时候，博尔顿已经与瓦特印在一起，成为50英镑上的人物了。精英与草民，只有一念之差。

25

追求内在愉悦

我们追求内在愉悦，基本上还是取决于外在刺激，好吃的、好看的、美味的、美丽的、有钱的、有势的、有名的，等等。似乎一切快乐与愉悦，皆源于此。

我去参加一个公司的会议，内心很不情愿，又摆脱不了，人在江湖身不由己。情绪因素在这里起了放大作用，因此心情会变得更加压抑，非常不爽。我认为，不愉快与外在的刺激直接相关。

自然的结果就是，回避烦躁的事情，寻找快乐的事情，同时控制自己的情绪。这样做是不是解决问题了呢？没有！向外求索，最后的结果是越来越空虚。

就像叔本华所说的那样，志满意得之后，是更大的空虚、焦虑和不安，更大的情绪波动。在这之后人们希望有更大的志向，来满足内心中更大的空虚。奈何垂垂老矣，老病死时时威胁着自己的存在。

一想到自己行将就木，冷冰冰的身体躺在冷冰冰的柜子里，孤独地离开人间，何来尊严？思绪万千。人的一辈子也就如此，人的一生不过如此。

记得有一次一个大老板跟我说，他现在的梦想就是睡觉睡到自然醒。我说，我的梦想跟你正好相反，是点钱点到手抽筋，要不咱俩换换，你当顾问，我当老板。

大凡老板的心境都跟我差不多，索求，纠结，再索求，再纠结，直至生命的终结。丰田佐吉，63岁而殁。他的儿子，丰田喜一郎，58岁而亡。创业家长寿的不多，纠结或纠心的事太多。

韦恩把10%的股权卖给了乔布斯，卖了800美元，现值580亿美元，但他把企业放下了，活到了今天。乔布斯背上了这沉重的事业，还有企业的股权，却没能活到今天。值与不值，快乐与不快乐，除了天地，只有他本人知道。

内心不富足的人，做什么事情，做成什么事情，结果都是一样的，欠他的多，还他的少，没有高兴的时候。

看来内心有富足与不富足的区别，知足者常乐。内心富足可能是天生的，这就是鲁迅讲的阿Q，天生就是阿Q。

快乐可以向内诉求，最近我懂这个道理了。我平时站桩就两个要诀：放松、放空。放松，大家都懂，把浑身的肌肉放松了，站在那里，酸疼，忍一忍就放松了。

放空，大家未必懂。什么都不想，是低级的放空，可以获得一时的宁静，那种感觉也是令人愉悦的。高级点儿的放空，就是把自己放下，想办法把自己的一切烦恼和怨恨都排空。

排空谈何容易？其实很容易，就是理解别人，原谅别人，向别人表示歉意，当然是在心里默默地原谅别人，向别人表示歉意。剩下的就是慢慢活，向死而生。

26

放飞你的思想

工业化是一种禁锢，禁锢我们的思想自由放飞。一个不争的事实是，西方文艺复兴发生在 14 ～ 16 世纪，直到 20 世纪西方企业才探讨"个性解放和思想解放"，晚了 500 年。我们可以下一个结论，工业化阻碍着人们思想的放飞。

人们的思想，无论是创造还是创新，发明还是发现，统统都为了一个事情而存在，这就是钱，这就是工业化的生产。物欲统治着我们这个世界。现在我们所称的人文精神，应该加个定语：工业化的人文精神。

其中的每一个人，实际上是被 KPI 绑架的。他们每天被闹钟叫醒，匆匆梳妆打扮，夺门而出，临近办公大楼，买点儿早点，赶在迟到之前打卡，坐在办公室里静候无聊上司的来临，听他布置任务。年复一年，日复一日，他们为了工资和奖金，度过人生原本最美好的时光：职业生涯。

我们把合乎这个逻辑的人，称为积极上进。我们对积极上进的人进行奖励，称为以人为本。工业化刻意进行了这种价值导向，把可分配的价值，用于引导奋斗者的行为和形象。这些可分配的价值包括工资、奖金、股权，名誉、地位、权力，信息、奖状、头衔，等等。

凡是不遵循这个逻辑的，被称为颓废或不务正业。就像德鲁克所说的那样，曾几何时，没有职业是卑贱的，不工作是懒惰的。没有工作，人们可以变得清闲，但不能做到悠闲。

人类在这个逻辑中，已经度过了 300 多个年头。这个逻辑加上内在的机制，已经绑架了人类 300 多个年头。在这个逻辑系统之外，还有一些没被整合的人，他们会不时地到工厂里来工作，一旦有了钱，就离开了，花光后又回来。在我们看来，这些人太没有契约精神了，太不珍惜自己的人生了。一句话，没教养。

我们这些有教养的人，在这种逻辑下活一辈子，度过人生最好的年华——职业生涯，你觉得很开心、很有意思吗？答案当然是否定的，人性不是这样的。

人类之所以会进化到今天这个样子，是因为他们会思考，会想有趣的事，不是老想着 KPI，一辈子跟 KPI 过不去。我现在退休了，摆脱了学校的 KPI，活一回自己，放飞自己的思想，教书育人，拯救自己的灵魂，让自己的灵魂得到"喂养"。

　　找一些愿意读书学习的人，教教他们什么是组织与管理。有机会把他们带到企业中去，让他们感受一下理论是如何联系实际的。

　　我可以静下心来，整理自己的理论心得和实践经验，让真正想跟着学习的人，过得好一点，活回他自己。

　　精神上的愉悦，令我乐此不疲。

27

灵魂也需要"喂养"

一个人的肉体需要"喂养"，这大家都知道。灵魂也需要"喂养"，这可能大家不知道。

一说到灵魂"喂养"，人们也许就会想到参加宗教团体及其活动。这还只是形式，修行是个人的事情，是内心的事情。看到有些人整天忙着赶场子，我就想，这也叫修行？这叫填补心中的空虚，越赶场子越空虚，心神不定，愁云满脸。

真正灵魂得到滋养的人，是很安静的，稳稳当当、不急不躁，就像吃饱了的情形，那种心满意足油然而生。人要学会从形式向内容的转换，从外在向内心的转换。

我最近见了一个小伙子，他说自己现在每天拆书，很充实，好像有事情干了，过去不知道这件事，现在觉得这很有意思，有了一份宁静，属于自己的。这就是一种很好的景象，灵魂开始得到滋养。

尽管他还不能理解读书、拆书的意义，还读不大懂书中的内容，但是脑子开始活动了，这种活动就像做体操一样，在锻炼自己的思维，积累自己的素养。我觉得，这就是灵魂得到了滋养。

应该承认，我并不懂什么叫灵魂，灵魂肯定存在于大脑之中，或存在身体之中。当自己的躯体有一种精神上的愉悦时，我想，这大概就是灵魂在运动、灵动，一种肉体安静而精神愉悦的灵动。

记得韦伯说过这样一句话：他那活的灵魂，是躯体包裹不住的。这句话让我感到震撼。一个人的伟大及其著作等身，跟躯体没有关系，跟精神有关，是精神上的饱满。

现在社会已经形成了圈子，你有你的圈子，他有他的圈子。如何发展你自己的圈子呢？靠头脑，靠思想，靠灵魂的滋养。人类社会的每一次进步，都是思想的进步。每一个企业、每一个圈子的进步，也都是思想的进步。

社会上的人、企业中的人和圈子中的人，如果停止思考了，那么进步也就停止了。社会与社会、企业与企业、圈子与圈子，拼的是头脑，拼的是思想，拼的是灵魂的滋养。

对于一个伟大的人物，人们记不住他的财富，也记不住他的丰功伟绩，只能记住他的思想，他言行中所包含的思想。一个人光有钱，人们是记不住的，还得有思想。所以了不起的人物，必须立功立德立言。

到包子堂来干什么？学思想、学策略、学招数？错了。包子堂想培养大家的"读书习惯"和"读书能力"。

一些人没有读书的习惯，也阅读不了经典的管理名著。读书是一种童子功，需要从小熏陶。

到包子堂来的人，由各地的事务所组织大家一起拆书，通过互动激励，逐渐培养大家的读书习惯。这跟广场舞大妈一样，一个人坚持不下来，即使买了一个跑步机，基本上也是用来练狗的。

我们拆的都是理论书，一套概念体系，一套能够刻画企业系统的概念体系。这样既有了习惯，同时也获得了阅读理论著作的能力。这样你在包子堂就毕业了，你在管理学领域就入门了。

要想深造也是办得到的，遵循韩愈的话，师者传道授业解惑也。包子堂将设三个班：传道班、授业班、解惑班。春季招生一次，秋季招生一次。

这只是一种设想，一厢情愿，不知道市场需求如何。我相信需要灵魂滋养的人很多。

28
心灵的自由

心灵的空间与能量很大，而且，潜力巨大。

很多家长一有空就带着孩子去各地游走，有的还打算去南极，说是这样能使孩子眼界宽广，见的世面多，未来会有出息。

这有一个前提，这孩子必须喜欢读书，已经养成读书的习惯。读书当然是读圣贤的书、经典的书。这样，他的灵魂、他的心灵就会正常成长，就会获得正能量。这就叫读万卷书，行万里路，两者缺一不可。

我们的灵魂天天在长大，天天在吸收能量。可是"喂养"我们灵魂的东西，往往不都是正能量，还有抱怨、后悔、妒忌、憎恨、恐惧、焦虑、不安、担心，等等。一句话，我们的灵魂往往被噩梦缠绕。

我们真的弄错了一件事情，人生可能活倒了，格物致知，然后，修身养性齐家治国平天下。这不是弄倒了吗？从格物开始，到平天下，此路不通。最终的结果很可能是物欲横流，骗天下！从物欲的世界入手，寻求心灵的升华，那叫本末倒置、缘木求鱼。

德鲁克说了，董事会或高层领导要关注全体员工的良知和良心，这是他们不可推卸的重要工作。一个企业只能在精神范围内成长。

如果高层领导不在精神层面上去关注全体员工的良知和良心，不能使最高层级的员工与最低层级的员工的精神境界提高，企业就不可能在更高的层面上成长。

华为要启用那些胸怀大志、一贫如洗的优秀青年。当一个小孩、一个青年人混沌初开、不辨是非的时候，就必须灌输正能量，他的神性就会长大，魔性就会萎靡。这才是正道，只有正能量才能培养出阳光的孩子。

其中最重要的是爱心，父母的爱心、老师的爱心和上司的爱心。通过这些爱心，让年轻人学会做人，学会爱自己，学会爱别人，用爱心、诚意和善意去和别人连接。

只有在这种连接中，在这种心与心的连接中，一个人才会从根本上摆脱恐惧、不安和焦虑，才会健康成长；才会不断地获取爱心、诚意和善意，去"喂养"自己的灵魂；才会像大自然的一朵小花、一棵小树、一株小草一样，充满欢乐地成长。

这也是我们人类为什么会亲近花草的原因，那里存在着让我们欢乐的无限能量，而没有邪恶，没有担忧，没有妒忌，没有一切让我们不愉快的气息。灵魂获得了正能量的滋养，心灵才能自由。

29

做一个有道之人

当我打算把名利放下的时候，遇到了一个困惑，我为什么还要活下去？这一次，机缘巧合，我有机会问道武当，似乎有了活下去的理由，颐养天年。

一个人出生之后，在很长的一段时间里，活着就是他的本意，等到老了，过了建功立业的年龄，就要活回孩提时代，颐养天年，活得像一个孩子，自由自在、无忧无虑。

这就让我想起了诸葛亮的一句话，这是他写给儿子的一句话，这句话我现在理解了：淡泊名利，宁静致远。就冲这句话，我知道诸葛亮是一位道家。他希望每个人不要贪图名利，要安静下来，延年益寿。宁静致远，中间的"远"，不是名利场上的事，而是颐养天年的事。

怎样才能宁静致远呢？道家有一套方法，是千百年来传承下来的方法，是那些实修者传承下来的方法，这就是打坐及吐纳，安静地坐在那里深呼吸，慢慢地吐，慢慢地吸。这样，身体中的血氧含量就高，人就精神了，也不会吃得太多，所谓气足不思食。

如果养成习惯，这对一个人就会有莫大的好处。身体中的很多能量就会消耗掉，其实这些能量都是人体中的垃圾，人就会变得轻盈，身体一轻盈，心情就会好，愉悦感就会从心底油然升起，用不了多久，就会怡然自得，不再向外索取，放下名利，淡泊名利。

以前我听说过会打坐的人，一天要打坐好几个小时，当时我不太理解。现在我也学会打坐了，似乎明白点了，打坐是一件很舒服的事情。一旦放松放空，身心就会进入静态。不是睡态，也不是动态，是一种宁静的状态，行话就是禅定状态。

于是，一汪清泉就会流进你的心田，骨骼、肌肉、筋膜不再较劲，微循环就打开了。同时，紊乱的思绪开始变得清爽，心情不那么焦虑、纠结和担忧了。这种身心状况，只能用奇妙二字来描述。

这是西方人不能理解的事，在西风东渐的今天，一些中国人也不知道这件事情，把老祖宗传下来的智慧弄丢了，实在有点可惜。

西方人强调有形的东西，抽你一管血，化验一下，告诉你血项有问题，血脂高、血糖高、尿酸高、胆固醇高。然后，你就按照医嘱吃药去吧，按照他们的用药，活到七八十岁是没有问题的。从此，你就带上一大堆药东奔西跑，或工作，或旅游。

现在我明白了，东方人更关注无形的东西，关注的是气血。俗话说，人活一口气，活人和死人的区别在于气。人死了叫断气。身体不好，不死不活，就说没力气。要想让身体好起来，关键在于"扶气"和"补充"。

像我这种人，胡乱吃很多东西，又不注意休息，身体自然就臃肿，气血不畅，按照西医的说法，这叫代谢紊乱。从50岁开始，我就是三高患者，靠药物维持，每天都得吃降压药、降糖药，还有小剂量的阿司匹林。十多年过去，身体越来越糟。

上武当山七天，我学会了打坐，气血开始畅通，气色明显改善，身体有了饿的感觉，这是久违了的一种饥饿感，表明我的代谢功能正在恢复。中国古人是不强调吃药的，身体如有不适，最好的方式就是扶气，通过自我调节来打通气血，实在不行，再去看医生。医生强调的是，一针二灸三汤剂。

中医的源头是道家学问，强调身体的自我修复功能，而不是依靠药物来治疗。同时，中医强调的是养生，学会练气与运气，自我调节身体的气血，防止生病。所谓人体有大药，中医治未病，我的命我做主。

说起来真的很惭愧，活了60多岁，我才真正感知到中国文化的魅力，才真正体悟到净化身心的愉悦。我想说，成为一个有道之人是很容易的，前提是你必须先学会打坐。

30

什么是道

老子说了，有一种东西，始终不知道它叫什么，它一开始就存在，在没有天没有地，没有万事万物之前，它就已经存在。

尽管老子不知道它叫什么，但他确实已经感觉到这个东西客观存在。那是什么东西呢？老子说了，独立而不改，周行而不殆。就这个东西，老子把这个东西叫作"道"。

2000多年以后，牛顿也感知到了这个东西的存在，于是把它称为空间和时间。有了时空的概念，天体物理的研究才成为一门学科。这是一个了不起的发现，比中国人晚了2000多年。

在牛顿那里，空间就是一个架子，一个三维的架子。时间是另一个独立的维度，并且是均匀流逝的。子在川上曰：逝者如斯夫，不舍昼夜。这跟老子的发现差不多，独立而不改，周行而不殆。有了时间和空间的概念，天体物理学就可以研究质量、引力、运动和速度。可以说，时间和空间是天体物理学的统一性基础。

老子的思考没有停止，他认为天地以及万事万物，都是从这个"道"中派生出来的，所以他说：道生一，一生二，二生三，三生万物。这是我们普通人的脑子想不出来的事，即使告诉我们这些，我们也理解不了。

很多研究老子《道德经》的人，把开篇的两句话，"道可道，非常道；名可名，非常名"解释为，道就是规律，规律是可以把握的，但规律是会改变的；名就是概念，就是名词或称谓，概念是可以定义的，可以讲清楚它的内涵和外延，但概念不是一成不变的，它随着事物的发展而改变。

老子是这样想的吗？那我们也太小看老子了。要是我，绝不会莫名其妙地写上这两句话。老子本来并不想写这本书，圣人述而不作嘛。下士闻道哈哈大笑。他很清楚，语言文字是有局限的，无法表达他感知到的这个外部世界。

写完这本《道德经》之后，老子有点后悔了。他在开篇写上两句话，提醒后人一定要用心去读这本书。真实的世界，以及我所感知到的世界，远比我用文字描述的要深刻和复杂得多。我尽力了，道是难以名状的，现有的词汇难以描述。人类的语言文字局限性太大了，我没办法，只能粗略地表述什么是道。

到了爱因斯坦那里，他发现时间和空间是会变化的。空间会扭曲变形，时间也会跟着发生变化，而且两者会配合得很好，于是就有了一个概念——"时空"。

时空概念，在物理学中出现，是非同小可的。它否定了牛顿的时间和空间的概念，空间不再是一个空架子，不再是一个三维的坐标系。空间中确实存在着星体运动的"轨道"，各星体确实是在轨道上运行的。过去，人们认为空间轨道是由星体的运行引起的。现在，人们认为还有一种力量使空间扭曲，形成星体运动的轨道。这种力量到现在为止还没看见，被称为暗物质，以及暗能量。

老子确实了不起，时间和空间不是一个摆设，它是"道"，是万事万物的源头，不是"空无"，不是空无一物。

现代物理学家希格斯认为，如果空间中空无一物，空间就没有质量，也就不会扭曲变形。这个物质被称为基本粒子。到今天为止，还有一种基本粒子没找到，这就是希格斯玻色子，也称上帝粒子。

物理学家最终还是统一认识，认定一切秘密都存在时间和空间之中。物理学的科学统一性在于时空。老子要是活到今天，他一定会说：对了吧，一切秘密存在于道之中。道是根本，我们都应该遵循或效法这根本之道。

那究竟什么是道呢？西方人正在探索上帝粒子，等着吧！也许最终的结果是上帝粒子不存在。也许上帝粒子不过是某种"场"中的物质与暗物质。这种场，也许就是某种震动波。中国人把这称为"元音"，用于养生。

东方人有自己的哲学，人法地，地法天，天法道，道法自然。你可以不知道"道"是什么，但可以效法自然状态，效仿"道"所呈现出来的自然状态。

31
无用和有用

《水浒传》里面有一个人物叫吴用。这个名字起得很好，有道家学派的范儿。

西方人往往忽略眼睛看不见的"无"，注重眼睛看得见的"有"。他们的科学研究，以及用于科学研究的工具和方法，大多是针对"有"展开的。对于看不见摸不着的"无"，他们基本上无能为力，并不屑一顾。

罗素在《西方哲学史》中说道，宗教神学中斩钉截铁的真理，被现代科学一个一个地推翻。然而，人们心灵中的有些感受，用现代科学解释不了。这就是科学研究的局限，局限于看得见、摸得着的事物。

过去，我们听邓丽君的歌，从来就没思考过这样的问题，你问我爱你有多深？我爱你有几分！我们甚至会觉得歌词有点荒唐，但歌声很美妙。

然而，"爱"，还有"善意""愿力"，这些看不见、摸不着的东西，是很有力量的。如果一个人能够唤醒这些无形的力量，身心都会发生根本性的改变。

无形的东西，可能比有形的东西更有用。一只杯子，真正有用的是它的空间，是"空无"的部分。这样我们就能理解，一个人的身心健康，没有什么更好的秘诀，就是放下、放空。

过去，我们对健康的理解就是吃多少东西，如多少蛋白质、多少碳水化合物、多少瓜果蔬菜或维生素，以及微量元素，并且把这种科学的思维引入养殖业，养鸡、养鸭、养鱼、养猪，形成了一系列的配方食品，美其名曰科学喂养。

据说这种科学喂养已经很进步了，渗透到了人类自身，渗透到了婴儿期的喂养，估计以后会对老年人，尤其是那些丧失自由意志的老年人，进行科学的喂养。一日三餐，配方食品。我不知道那些吃配方食品的婴儿会有什么想法，科学家肯定也不知道吃这些配方食品会引发婴儿什么样的心理变化。

但我们知道，大部分兜里有钱的成年人都非常贪嘴，加上体验营销这么一忽悠，他们就吃得更欢、更多了。

人的身体就像一个面粉口袋，说是臭皮囊一点不过分，塞得满满当当，非常敦实，一点空间也没有，身体还能好得了？即便是一面鼓，塞得如此满，也敲不响。

对人体的健康，我们再也不能强调科学喂养了，不能强调吃什么、吃多少了，应该导入中国的养生哲学及其实修经验，强调排什么、排多少，强调空与无。

西方人受科学研究的影响很深，非常相信营养和能量。吃多了怎么办？他们有办法，喜欢运动，有事儿没事儿展开户外运动，向着太阳、沙滩、高山展开体育运动。这种自我瞎折腾，很难活过 100 岁。即便活到 100 岁，关节也就废了，心脏也就不行了。

中国人要是像西方人这么个吃法，结果一定很悲惨。中国人喜欢静，喜欢扎堆吃饭、喝酒、聊天、打麻将，即便一个人独处，也是看电视、看手机。能量物质作为垃圾，沉淀在身体中，排泄不出来。不到 50 岁，人就出状况了，代谢功能紊乱，靠药物维持，靠有形的药物来维持器官的运行。

中国的老祖宗总结出来的实修经验特别适合我们中国人。这就是打坐与吐纳，通过"扶气"，减少摄入量，增加排泄量。一个人的气足了之后，就可以辟谷，所谓气足不思食。不会扶气，贸然断食，调动不了身体中的能量，必然损伤器官。

中国的养生，从学会打坐、学会扶气开始。这是基本功，是扭转身体乾坤的关键一步。身体中的垃圾、犄角旮旯里积攒的能量物质，自然通过出汗和大小便排泄出去，身体可以得到净化，尤其是长达八米的肠道，只有通过辟谷，而不是断食，才能把肠壁上的有害物质排泄出去。像我这样的垂垂老者，身体的自我净化能力已经丧失殆尽，要想活出精神，除了中国的古法，别无他途。

放空、净化躯体不是我们的目的，我们的目的是让身体发挥保持健康的作用，所谓"空无"才是有用。中国古人强调延年益寿、无疾而终。这里的要诀依然是打坐和吐纳。

我们通过打坐和吐纳，学会练气和运气，激活自己的腺体，如脑垂体、甲状腺、胸腺、肾上腺、胰腺和性腺，等等，从而使人体的各个器官恢复正常的功能。

西方人注重的是血项，这是眼睛看得到的，并根据血项提供服药和饮食的建议。中国人根据西医的建议，把健康法则概括为多动腿少动嘴，或者迈开腿、闭住嘴。

这种说教是片面的，一个人身体出状况，与腺体的活跃程度有关，与吃了多少、吃了什么不直接相关，与食物中的卡路里多少不直接相关。运动员和青少年，他们的腺体非常活跃，吃多少都没有太大妨碍。

像我这样的老者，腺体已经处于静止或休眠状态，各个器官的运行已经很不正常，加上能量物质像垃圾一样堆积起来，不生病才怪。

对我而言，没有别的选择，接受道家的空无哲学，并下定决心学会打坐，调动无形的气，促使躯体变空，颐养天年，否则，只能抱着药罐，任凭身体中的各个器官把自己折磨死。

32

守住道，可矣

  远方来一个朋友，一直担心自己的企业快要死了。这就好像一位老人担心自己随时会死一样。死就死呗，万念俱灰，蛮不错的。现在不是还没死吗？活在当下，活好每一天。一念之差的事，不必为古人操心，不用替未来者担心。

  这位朋友非常执着，问公司能不能长寿。公司原本就是一个故事，故事说完了，公司也就完了。世上本无事，我等自扰之。

  若问一位老者，为什么会长寿？他肯定一头雾水，难道我已经活很久了吗？怎么会活那么久？不清楚。长寿通常不是有意为之、刻意追求的事。

  来者接着问，长寿总是有原因的吧？长寿肯定是有原因的，就是说不清楚，因素太多，相互纠缠。

  这跟死亡不一样，死亡也是有原因的，但只需要指出一个原因就够了。比如，活久了不好意思，活得不耐烦，走了。

比起个人来，企业复杂得多，百年企业谈何容易。中国企业好这一口，语不惊人死不休，五百大、五百强、五百年。实际情况怎么样呢？企业的寿命不到人的寿命的一半。人不要想那么多，多挣点钱，衣食无忧就可以了。

我是一位管理学者，我跟马奇的想法差不多，企业的事情我不太清楚。我要是知道一个企业何以能够长寿，那我就发了，天下有多少老板需要企业的长寿秘诀呀。

这让我想起20年前的一堂课，有一位上了岁数的学员跟我叫板。我说需求是弄不清楚的，是会变化的。台湾的李玲瑶女士就说过这个话，营销如求偶，可遇不可求。

本来说到这儿，事情就结束了，结果我多说了一句，坏事儿了。我说，有时候，顾客连自己需要什么都不太清楚。

结果那个学员叫板说：顾客的需求是确定的，凭什么说弄不清楚呢？比如，长生不老药，需求就是确定的。

那时候的我与现在不一样，浑身是胆雄赳赳，乐意回应挑战：就拿长生不老药来说，吃下去，3000年不死，人活久了也腻味，到了那个时候，人的需求可能就变了，更关心如何终止生命。变是不变的法则，重要的是贴近顾客，不断提高响应顾客需求及其变化的速度。

人类其实就这点本事，只是觉得自己比较高贵，单独给自己归类，叫"人类"，其实就是动物，有别于植物与矿物。作为动物，哪有天大的本事？人之命，天注定。我们真正可做的事情，就是避免死于无知。

死于非命的，大都因无道，或守不住道。守得住道，也就守得住命。不死于非命即长寿。对企业而言，守得住道，就守得住人，守得住钱。

33

再读老子

我年轻的时候就接触到老子的思想——不争，直到老了，才真正理解了他的思想，真不愧为老子，只有当一个人老了，并抚养过孩子，才能体会到他的思想。

人生处处是陷阱，不争，就会少很多麻烦，就不会跳进别人给你设的圈套之中。很多圈套都是由甜言蜜语编织的。

人尤其不要与自己的命相争，荣华富贵、生老病死，自有定数。一个人可以争一时，不能争一世。一个人无论怎么争，都争不过你自己这条命。

历史上那么多有雄才大略之人，有哪个争得过他自己的命呢？他们自信人生二百年，会当击水三千里，到头来还是一命呜呼，心有余而力不足，留下很多宏伟目标没有实现，实在是放不下。

假如这些有雄才大略之人能够做到与世无争，与命不争，兴许就能活上 100 年，活过 100 岁。

乔布斯最终算是明白了，但是晚了，癌症夺走了他本应该有的寿命。临死之前，他说了一番发人深省的话，大意是这样的：我要死了，我挣了那么多钱，还有我的帝国，都带不走了，能够带走的只是往昔那些美好的回忆。我不知道乔布斯有多少美好的回忆，争了一辈子，究竟能留下多少美好的回忆？只有天知道！

真正有一堆美好回忆的人，临死之前，什么都不说，什么都不想，就像天边的一朵云彩，悄悄地来，悄悄地走，安详、宁静，不会留下什么遗言。遗言就是遗憾，就是放不下。

在别人看来，乔布斯的一生光辉灿烂。然而，在他的内心深处，定有另一番景象。他能带走的，不只是美好的回忆，应该还有怨恨，自己的怨恨和别人的怨恨。

老子是伟大的，他用一生的时间弄明白了世道人心，最终回归人生的本质，活得像一个孩子，无忧无虑、自然自在。

一个人要想返老还童，秘诀就是放下，让身体放松，让精神放空。

原来我只知道什么叫放松，不知道什么叫放空。现在我知道了，放空就是排遣一切怨恨和烦恼。

我每天坚持站桩，在放松身体的同时，放空怨恨和烦恼。过去我做不到，现在能够做到了。其中的诀窍就是，理解与谅解他人。人世间没有是非，但有因果。一切怨恨和烦恼皆有原因，一切原因在于自己，在于自己的关注和执着。

站桩一年多，我获得了莫大的好处，身心愉悦，吃得下，睡得着，拉得出。有人说，这就是福报。身心愉悦，自然会使自己的生活和工作环境变得祥和。在不经意中，自己似乎有了古人的风范，以至诚之心做事，以慈善之心待人。

趁着家人还在梦里，写下这一段，与亲朋好友共享、共勉。

34

感恩与你同在

俗话说，近朱者赤，近墨者黑。跟谁在一起，人生大不一样。我一直感恩在人生的历程中，遇到了我的恩师。

人生的成长，本质上是精神上的成长。由此而论，每个人的起跑线都是一样的。有钱人的孩子与穷人家的孩子，差别只是外在的物质。外在的物质财富，往往是包袱。太穷或太富，都不利于孩子的成长，不利于孩子精神世界的发育。

包子堂很幸运，聚集起了一帮爱读书、爱学习的人。感谢老天爷开恩，与你们在一起，真好！感恩与你同在，有你同行。我们这些人在一起，即便做不成大事，一起读书学习、守望相助、共度人生，也是很开心的。

我们之所以聚在一起，我想，我猜，真正的兴趣是，构建一个读书学习的社区。

下一步，我们需要营造一种读书学习的氛围，首先让自己的精神世界丰满起来。如果我们能改变自己，使自己的精神状态变得更阳光，使自己的思考能力更强、思想更通透，那么就能感染别人，感染年轻人。包子堂的读书学习社区，就能够逐渐壮大起来。

现在的一些年轻人，要么利欲熏心，成为精致的利己主义者；要么精神空虚，失去了人生的追求。包子堂可以成为年轻人的精神家园，可以帮助他们培育一粒精神的种子。这也是社会的需求。

一些年轻人进入包子堂之后，已经被我们的读书学习氛围所感染，开始认识到读书的重要性，也体会到了读书的快乐。家长都很高兴，表示感谢，他们的孩子已经开始挑灯夜战，安安静静地看正经的书了。这就是包子堂的存在价值和理由。

任何一件事情只要对社会有价值，坚持去做就会有很好的结果。在这个过程中，肯定会有人不理解，甚至会有人歪曲我们所做的事。这没关系，我们不需要辩白，不需要与任何人争一时的高低，只要吟诵一下李白的诗就行了——两岸猿声啼不住，轻舟已过万重山。借用伟人的一句话：走自己的路，让别人说去吧！

老天爷并没有告诉我们，什么人必须跟什么人在一起。人与人在一起，讲的是缘分，是志趣相投。

曾几何时，包子堂自发形成了20多个地方分堂。每个人似乎都有自己的猜测和打算，都期待着包子堂能干出一点像样的大事。加上当今社会的生存压力非常大，我猜，很少有人会想做一些志在千里的事。至今我依然想不通，为什么会有那么多人关注包子堂？

　　曾经有人跟我说，老包，现在你已经看不起我们了，不带我们玩了？我的回答非常简单，包子堂现在不挣钱，不久的将来也不会挣钱，汝今能持否？后来，彼此不再来往。用我的话说，再也不见人影了。

　　这是人各有志的事，彼此不能相互约定，形成心理契约，何苦呢？有人说得好，过去包子堂没有战略，谁都把它当资源。现在包子堂已经有了明确的战略，谁都不能把它当资源。包子堂尊重每一个人的选择，并坚决捍卫自己的选择。学管理，到包子堂。

　　随着包子堂的重心从培训转向教育，一些人就逐渐游离出去了，这是很正常的事。这些人已经看明白了，教书育人是一项长期而艰巨的任务。包子堂短期内不会挣钱，也不会被什么投资人看中，这是一群志趣相投的人干的傻事。

　　自发形成的社区本来就是这样，自生自灭。包子堂必须完成这种转变，使学习型社区趋于平静。通过明确自己的价值立场，明确自己要做的事情，使泾渭分明。

　　唯有这样，我们才能够建立起一个真正意义上的读书学习型社区，使包子堂成为一种真正有意义的社会实践。唯有这样，我们才能形成组织化的社区，不断提高社区的组织化程度。

管与管理

35

平 淡 的 梦

梦为什么非是离奇的呢？梦可以是平淡无奇的，平常人做平常梦，很正常。日有所思，夜有所梦嘛。

互联网来了，我并不想当风口上的猪，好风凭借力，送我上西天。我只想在这里，在包子堂讲讲真话，有关组织与管理的真话，让后来者少走弯路。我们这一代学管理的人，走的弯路真的不少，至今都不敢说已经弄明白管理这件事了。

既然是平常梦、平常事，就做一些解读上的事吧，解读名著，解读案例。这不算过分，是本人够得着的。据说历史上的大 V、大咖，在开始的时候都是这样做的，解读名家著作。这样做有一个好处，万一读者不信，可以去看原著，英文的或者中文的。

既然做包子堂，冠名互联网大学，我们就认认真真地去做，不忘乎所以，说话做事平和一点。即便做梦，也尽量做得平淡一些。我们主要是解读，围绕着组织与管理领域，解读名家名著，平常稀松、不急不躁，美其名曰淡泊名利、宁静致远。

有一天，我跟别人聊天，随便聊聊自己的管理心得与实战经验，结果把对方聊得很开心，对方说我很究竟。这可把我给吓坏了，这是佛教用语，是高僧大德的职能，对我等这样的平常草民，过奖了，受用不起。

日本大学的教授做事比较有分寸、比较本分，可能工资也高。搞我这一行的，基本上要坐一二十年的冷板凳。有一位水野先生，他亲口跟我说，他们花了几十年的时间，前赴后继，介绍欧美的学术著作与思想，现在终于赶上去了，与欧美同步了。时值 1995 年。

那年，我还打听到一个消息，日本的一些教授组织起来，成立了一个研读会，专门研究巴纳德的著作。这些人在日本都是学富五车的学者。这种钻研精神、这种精读管理名著的精神，值得我们学习。

好像有人说过这样的话：管理没有新命题，我们现在看到的那些命题，在 300 多年来的产业发展历史中，都已经出现过，只是表现形式不太一样。

由此，我们不难想到，管理学也不应该有太多的新命题，很多命题早就被管理学大师探索过，他们的很多见解和思想早就在那儿放着，只需要我们这些学者去系统地整理和表达，当然，是按照历史的逻辑去系统整理与表达。

尤其是理论的概念体系，应该好好地、一个个定义清楚，并统一起来，加以结构化。不要花样百出，随意命名，这会害了别人。

这种事情现在很少有人去做，这是吃力不讨好的事，于名于利都是吃力不讨好的事。企业界和管理界的情况差不多，喜欢弯道超车，例如，把专利到期的药品拿到中国来，换个名称接着卖，卖得好不好，能不能畅销，主要靠包装，靠市场运作的能力。

闲来无事，想想平常事，说说平常话，做做平常梦，我只是想提醒大家，不要脑子发热，心血来潮。包子堂培养你的只是读书习惯和读书能力。说一句不靠谱的话，包子堂培养你的只是组织与管理领域的理论素养。

想读书，愿拆书，到包子堂。

36

天　性

狗活 12 年，人活 120 年，这就是天性。人之命，天注定。

不要觉得自己很了不起，跟一条狗似的，整天汪汪，叫得再凶，也只能活 12 年左右，不那么张狂，也许还能多活几年。

我遇到过一个老板，请我做咨询，见面后，他没让我说话，自己说个没完，告诉我咨询该怎么做，如何给他们做咨询。

我没说话，遇到这种情况，说啥都没用。半天，这老板爽了，问我有啥想法。

我说：你的想法很好，用不着请谁来做咨询。我走了，但有句话想留下来。你就是请条狗，也得让它先叫叫，这是专业。你不能一个劲儿地冲着狗叫，人不可能比狗叫得专业。

这说的是气话，也是脏话。当年，咱也算是条汉子，血气方刚、年轻气盛。现在我老了，学会了忍让，不与人争锋。

最重要的是，我学会了丈量自己，有事没事，称称自己，究竟几斤几两。

明明是个小个子，挺直腰板，拉起架子，整天扯着嗓子喊，不像样子。

长得个头很高的人，不免想入非非——伟人都有伟岸的体魄，一心想干大事，结果心比天高，命比纸薄。

人的天性究竟是什么？高估自己，错误地高估自己。偶尔仰望一下天空，也会以为每颗星星都冲着自己，自己的重要性不容置疑。

每逢聚会，稍事寒暄，有些人就开始吹嘘自己，标榜自己的丰功伟绩，报喜不报忧，说些让人羡慕妒忌恨的事。人类社会的疯狂，可见一斑。

遇到自命不凡的学生，我会劝劝他们，江湖上做小不做大。欲当老子，先装孙子。不能建功立业，也能寿终正寝。

就单个人而言，没有谁比谁更强。人类的伟大，在于社会性。红极一时的明星，一旦失去粉丝，就像褪了毛的凤凰，立现原形，一只光鸡。

达尔文的堂兄高尔顿，早在100多年前就已经证明了，单个人没什么了不起，人们彼此之间的差异很小，而且人类的社会性交往越频繁，这种个体的差异就越小。

各色人种，同属一个物种。为什么能够历经万年，繁衍至今，形成几十亿人口，就在于物种的"中值退化"规律。

高个子的父母，生出来的孩子一定矮于父亲或母亲。矮个子的父母，生出来的孩子一定高于父亲或母亲。后代一定向中值退化，维持一个物种的正态分布。

高个子的家庭，后代如果一直坚持不向中值退化，上万年后，一步跨越一个山头，那还算是人吗？变种了。

矮个子的家庭，后代如果也坚持不向中值退化，一万年后，满地找不着，变成虫了。

人了不起，是因为社会了不起。人类社会了不起，是因为人的天性，高估自己的天性。加上语言文字，编一个故事，让更多自以为是的人去干一件共同的事情。最终的结果，轰轰烈烈，名垂千古。

有时间去看看赫拉利的书《人类简史》就明白了。也许语言文字也是人的天性所致，每个人太想表达自己的想法了，太自以为是了。

现如今，能编故事的人太多了，可编的故事太多了，而且故事越编越大，故事编大的可能性也越来越大了。

这未免让人有点担心，万一故事像泡沫一样破了，怎么办？地球已经千孔百疮了，得按照天道编故事了，得了解一下自己的天性了。

假的就是假的，不要把它说成真的。故事就是故事，不要把它弄成一个事故。否则，我们这些"易到"的顾客怎么活呢？每天打车，每天纠结。

37
游戏人生

伟人说，劳动创造了人。我观察，贪玩创造了人。这是观点，无法证明，也无法证伪。说出来，听听而已。

人性的本质是玩，别把什么都当真。世界上最怕"认真"二字，谁见谁紧张，幸福指数荡然无存。

孔子老了，能从心所欲而不逾矩，成为真正的玩家。

我这一辈子，就想当个玩家，管理玩家。据说各行各业都这样，专家变老了，就是玩家，有玩家的范儿，耍的是手艺，玩的是艺术。

我不知道别人家是怎么搞装修的，听人说，想害谁，就让他家装修。满怀希望建个家，辛辛苦苦安个窝，最终结果，离婚。想想就心酸。

我装修，就是玩儿，管理范儿的。花三个月的时间确定一件事情：谁装修？是我装修，还是老婆装修？

看似一件很简单的事情，在管理领域非同小可。我装修我说了算，我的领地我做主。老婆装修老婆说了算。

决定很快做出，我装修。女主人，闭嘴，免开尊口。这是必需的，无论你是谁，必须闭嘴，免开尊口。借用行话说，你有权保持沉默。

管理学的表述非常简单，全权负责，用自己认为合适的方式装修。

即便结果不尽人意，也只能自认倒霉，看错人了，用错人了。美国通用汽车公司的前 CEO 斯隆说，企业中没有哪件事情比用对一个人更重要、更花时间和更费脑筋的了。

接下来就是约法三章，确保我能全权负责。在正式剪彩之前，老婆不准进入装修工地，不准与工长和装修人员接触，不准在预算上设置障碍。

管理学讲得很清楚，也很简单，要在成败的关键上下功夫。如果你不是一个行家里手，还真的不知道要害在哪里。全权负责，当操盘手，谈何容易？弄不好，你会受到折磨。没有金刚钻，不揽瓷器活。

最害怕的是女主人的习性。没几个月的时间，这个习性是调不过来的。习性不改，任何约定都没用，任何章法都是约不定的。

在女主人的习性改变之前，千万不要上手动工，抓紧时间完成思考就可以了。这也是管理的学问，谋定而后动。凡事预则立，不预则废。

天下的女主人都一个德行，鲜有例外。按南怀瑾南老的话说，现在已经没有淑女了。

当女主人建议应该如何装修，装修些什么，装修成什么样子，等等，哪怕是和颜悦色，且非常有见地的建议，你也得忍着，不接下茬。

最后，你只需要问她一句话：你装修还是我装修？听取意见、请教他人是我的权利，我有权保持沉默。

中国文化的基因强调伦理等级与秩序，不讲究责权利边界。家里请个家庭服务人员，称保姆，沿袭伦理及身份等级上的主仆关系，漠视她们的责权范围与边界。

这与西风东渐的现代社会存在着客观上的理念冲突，所以，很多人在忍无可忍的情况下，甚至一句话没说对，就走了，就分道扬镳了。

日本公司就比较明智，强调对企业的忠诚，把企业改造为一个家族，称企业家族，同时实行三铁制度：铁工资、铁饭碗、铁交椅。它们在伦理上强调辞职是背叛，辞退是冷漠，维持稳定的人际关系。

中国的企业称家族企业，非刘莫王，或驯化成王，形成核心的利益集团，等等，不必赘言。

经过三个月的努力，我最终获得了在家装领域中的全权。后面的事情就简单了，都是技术层面上的事情。

花两个月的时间进行整体规划，制订详细的行动方案与预算，再花一个月时间施工。爽！

38

究竟听谁的好

现在的互联网时代，不是百家争鸣，而是百花齐放，各抒己见。彼此之间没有争论，大都是自说自话。不辨真伪，难分是非，让人备感困惑。

过去，我是无肉不欢，酷爱吃红烧肉，宁可居无竹，不可食无肉。几天不吃肉，胃里难受，俗称胃亏肉。

后来，听专家反复唠叨，我只能忍着不吃，再忍着不吃，慢慢地就把这件事情给戒了。我本以为这样，身体就会好起来，但这都过去五年了，亚健康的状态依然如故，前两天看了体检报告，血脂高、甘油三酯高，还有血糖高。究竟有多少个高？不敢说。反正三高患者，没有"摘帽"。

最近我看了篇文章，说吃红烧肉能长寿，言之凿凿，不由得你不信。有专家告诉你，很多百岁老人都爱吃红烧肉，有的甚至酷爱红烧肉，每天必吃。列举的百岁老人，有名有姓，真名实姓，无法不信。专家还告诉你红烧肉有什么好处，一句话，有百益而无一害，听了让人心里痒痒。

究竟听谁的好呢？如果有一个公认的权威性机构，事情就好办多了，每年发布一个健康指导书，或发布一个长寿指导书，有理有据。但是，眼下没有这样的机构。那么，结论只有一个：听自己的！

你要是自己没有主见，那一定会被那些专家忽悠。如果一些专家背后有利益集团，事情就更是这样。

专家，顾名思义，专门家，只知道事物的某一个方面，并不知道事物的全貌，更不知道事物演变的动态过程。舒尔茨坦诚相告，自己是一个专家，专家都有偏见。

面对健康长寿这件事情，每个人都要学会自我管理。这是一个极富个性化和实践性的管理命题，必须靠自己。这双鞋穿在你的脚上，舒服不舒服只有你知道。

只有自我管理意识，才是健康长寿的保障，至少可以避免死于无知，死于自我糟蹋身体。有了自我管理意识，一切都好办。你的身体你做主，你的身体你知道。对不对，好不好，自己是可以感知到的。究竟是用西药干预，还是用草药调理，自己决定。不明白的地方，随时请教专家，专家的作用就是帮助你完成思考。

为了能与专家对话，与那些你信得过的专家对话，以及为了对自己的身体有一个整体把握或了解，你必须看书学习，养成读书的习惯，学习基本的理论知识，掌握必要的专业术语。我想，用不了多久，你就能掌握自己的健康状况。

人算不如天算，长寿当然得靠命。只求健康活着，不求长命百岁。只要不死于非命，即可。活过 100 岁，对谁来说都是个奢望。健康快乐地活着，应该没有什么问题。不盲从专家，不忽悠自己，才是正道。

企业的健康可能比人体的健康更复杂。有资料表明，世界 500 强企业的平均寿命不到人的一半。所以，要对企业的健康进行管理，进行自主管理，避免死于无知，避免死于非命。

在这个领域中，忽悠企业的事情就更多了。大都集中在招数、方法和工具上，迎合了中国很大一部分企业的普遍心理和现实压力，一招见效、立竿见影。在企业健康管理方面，可以说，中国人吃尽了苦头。

中国的很多企业没意识到企业是个系统，这个系统极富个性和实践性，依赖于企业管理层的自主意识。换句话说，如果管理层没有完成对企业的系统思考，并构建起相应的事业理论，那么任何流行的招数、方法与工具都不可能融合进企业，成为事业理论浑然一体的组成部分。

可能的只是添乱，不会有任何结果。即便在别处有效的经验，到了你的企业那里，如果没有自己的事业理论，也白搭。既不能予以嫁接，又不能予以甄别，结果只能是添乱。

离开了事业理论，企业及其管理不会形成一个系统，只是一堆招数、方法和工具拼凑起来的大杂烩。

　　企业要想主导自己的命运，必须首先形成自己的事业理论，就像华为那样，有了一部"华为基本法"。有了事业理论之后，企业才能兼收并蓄，博采众长，把他山之石有效地应用于自己的具体实践之中。

　　值得一提的是，"华为基本法"是共同智慧的结晶，是华为人花了几年时间提炼出来的。

39

为什么要学管理

如果你只是想做一桩小买卖，学不学管理都无所谓。如果你一辈子只想做一桩小买卖，有没有管理也无所谓。

当然，有总比没有要好。就像苏东坡说的那样，粗缯大布裹生涯，腹有诗书气自华。即便很穷，也会受人尊重。玩儿的就是气质。

27岁，那年我上研究生，学写文章，投投稿，挣点外快。天津有本杂志叫《八小时以外》，当时小有名气，稿费也付得及时，我就把管理的知识用到了八小时以外，点点滴滴，学到哪儿，就用到哪儿，就写到哪儿。

有一位美国国防部部长叫麦克纳马拉，《蓝血十杰》中提到了这个人，他把2∶8法则应用到了物资的储运上。他认为只有20%的物资是最重要的，需要重点保管和运输。所谓重要，比如，价值高、使用频率高、制造起来比较困难，等等。

我觉得这个人很棒，也尝试着在八小时之外的生活中模仿一下，启迪大家的智慧。家庭中有很多重要的东西，从总量上说并不多，不会超过 20%，比如，户口本等各种证件、存折、金银细软、毛料衣物，等等，有必要归类，并重点保管，万一丢失或找不到了，很麻烦，会浪费我们的时间和精力，并会使我们的情绪变得很不好。

脑子开动后，居然一发而不能止，几乎成了专栏作家。杂志社的主编很好奇，特地跑到北京来见我。这件事情，在那个年代，对我来讲是一种莫大的荣幸与鼓舞。从那一刻起，我似乎感知到了自己有一颗大脑，感知到了自己大脑的存在，感知到了开启大脑的愉悦。

也许从那一刻起，我似乎有了一点胆量，开始会琢磨事情了。我觉得麦克纳马拉所做的这件事情，可能是错的。

在硝烟四起、炮弹横飞的战争环境中，军用物资不能按重要性进行分类管理。万一某节车厢，或某个仓库，被一发炮弹击中，而且击中的是那些重要的物资，包括关键的装备，或重要的零配件，情况会怎么样？有可能发生灾难性后果，余下的一大堆物资可能成为一堆无用的货物。

正确的做法应该是，按照实际的军事需求进行整体配置，形成各种轻重武器的组合，或混合搭配。即便被打掉一个仓库或一节车厢，也不至于出现灾难性的后果，甚或瘫痪状态。

管理不是一种常识，更不是一种心灵鸡汤。管理是一门学科，有着丰富的内涵及知识体系。它可以使你变得有思考的兴趣和思考的能力，进而使你变得更自信、更有思想，可谓个性解放和思想解放。

有人说，人类一思考，上帝就想发笑。我不知道说这话的人是怎么想的。上帝究竟是想让我们思考，还是不想让我们思考？毫无疑问，我们无论怎么思考，都不如上帝的思考。但毕竟上帝给了我们大脑，大脑毕竟是用来思考的，而不是用来吹气的。

我看到的实际情况是，一些年轻人一边数着钱，一边想着如何能够数出更多的钱，思维规模和心智模式几乎停留在孩提时代。日复一日，年复一年，低价进，高价出。大米不挣钱卖小米，小米不挣钱卖黄瓜，黄瓜不挣钱卖服装……如此这般，简单粗糙。如果上帝存在的话，一定不会发笑，但会伤心，会流泪，会哭。难道有大脑的人，真的心甘情愿做一辈子小买卖吗？真的不想学点管理吗？

40

契约是一种习惯

如果遵守契约是一种精神，一种契约精神的话，那么中国产业界的麻烦就大了。因为中国人普遍缺乏契约的习惯，我们骨子里讨厌像西方人那样，签署一份像书一样厚实的契约文本。

我们主要在感情上接受不了这种文本化的契约，所以西方叫契约文化，东方叫情感文化。文化，说到底是一种习惯，无所谓对错。按照西蒙的说法，就是满意不满意，合适不合适，而不是对不对、错没错。

我有个老同学，一起走江湖，我跟他说："亲兄弟明算账，这个项目你要多少钱？"他回答说："咱俩谁是谁呀！我今天表个态，给我一个不嫌少，给我十个不嫌多，你看着办吧。"他心里肯定想，就这点小意思，弄得多没意思啊。

最后的结果是，他项目做得很认真，做得很好，我也给了他不少，皆大欢喜。我们现在还是很好的朋友，我在他心中的形象高大上。

这也很符合西方的人性，符合社会交往的通则。主持项目的人一定在利益之上有追求，一定要有胸怀，否则谁追随你啊。这就像开车一样，视距一定要远，车才能开得直、开得快。

这跟西方人的做法也是一样的，管理人员一定要有境界，分蛋糕的人一定是最后拿蛋糕的。东西方人，性相近，习相远。

如果你跟别人一般见识，整天盯着蛋糕的大小，那你就别当头儿，别当那个分蛋糕的人。如果当头儿的没有追求，那如何启迪下属的善意呢？人至察则无徒，水至清则无鱼，讲的不是一个人的精明，而是智慧。当头儿的很精明，下属就会掉在钱眼儿里。

改革开放 40 年，市场经济的大潮滚滚而来，我们被这种无序的架势和金钱的诱惑弄蒙了，契约习惯还没有完全养成。

话又说回来了，错误和教训才能够真正教会我们，没有这个过程我们永远学不会有关市场的契约，也不会真正懂得遵守契约的重要性。

从混沌初开，到有序运作，到市场环境下的安居乐业，是一个过程，中国人是学得会的。就像西方社会混沌初开的时候一样，需要亲历一个痛苦而漫长的过程。那些美国的大亨，哪个不是在争权夺利的过程中，打打杀杀拼出来的，以致马克思说出这样的话："资本来到世间，从头到脚，每个毛孔都滴着血和肮脏的东西。"两三百年之后，市场经济在西方终于净化了。

㊀　马克思．资本论（第一卷）［M］．中共中央马克思恩格斯列宁斯大林著作编译局，译．北京：人民出版社，2004．

把遵守契约说成一种精神，言重了，说中国人缺少契约精神乃至诚信，言重了。

有一个老板为此考察了西方各国，得出一个错误的结论，说中国人不行，人种不行。这是一种极为负面的判断，它会影响到这位老板活下去的信心。

他有没有想过这样的事实，在他没有当老板之前，中国人靠良知与良心活了几千年，少说也有上下五千年。如果一个物种能够延续香火五千年，应该可以下一个结论，这个物种的习性是可以的。就像王阳明所说的那样，天道就在那里。

在我看来，我们没有必要带领全体员工去学阳明心学，王阳明已经告诉我们了，天道即人心，天道就在那里。

不要以为中国人缺少契约精神，中国人缺少诚信，这是错误的逻辑、错误的结论。我们真正的问题是，制定契约的人缺少对时代的清醒认识。

这些制定契约和规则的人，不知道如何用共创、共享、共有的组织原则，唤醒全体知识劳动者的工作热情。至今为止，他们依然固守着陈腐的经济学说，以及过时了的现代企业制度，固守着源于制度经济学的霸王条例。

41

契约何来

现在是快餐时代，很多人都是吃洋快餐长大的。不知道西方的契约是从哪里来的，说中国人缺少契约精神的大腕儿，就是不懂得遵守契约的人。

西方的契约是从中国传过去的，是从东方传过去的。很久很久以前，东方人的商业契约方式就传给了古希腊城邦居民。东方人或中国人是懂得契约的，是我们教会了西方人如何遵守契约，否则两个陌生人之间无法完成正常交易。

正宗的西方人，或欧洲人，他们是从古希腊人那里学会契约的。按照罗素的说法，希腊文明直接影响着欧洲。希腊文明最重要的遗产，就是商业契约文明和社会契约文明。

曾几何时，罗马取代希腊，又过多少年，罗马成为政教中心，统治着欧洲，独尊天主，排斥诸神。雅典娜、波塞冬、宙斯，等等，都成为神话传说。往事如烟，只留下天人分离的文化。

就像中国的皇上，喜欢简约有序，不喜欢繁杂无序，独尊儒术，罢黜百家，并把天留给了自己，自称天子，形成天人合一的文化。

在天人分离的文化传承下，每个人都是上帝的子民，听从上帝的召唤。每个人都跟上帝建立第一性的联系。父子之间的联系是第二性的，人与人之间的亲情是第二性的。父亲只是监护人，代表上帝或受上帝的委托，监护自己的孩子。

每个人的灵魂是独立的，每个人必须首先信奉上帝，通过洗心革面，使自己的灵魂得救。在人世间，每个人首先要爱自己，强化自己独立自主的意识，强化自己的理性选择，不要被感情或亲情绑架。人与人之间的关系，人与人之间的社会连接，求诸于人性之外的契约方式，久而久之，就有了西方独特的契约文化。上帝在心中，亲情在身外。

西方人在遇到麻烦的时候，通常想到的是：主啊，你在哪里？东方人在遇到麻烦的时候，通常想到的是：妈呀，你在哪里？这是文化，这是习惯，没有高低卑贱之分。不过西方人很会来事儿，把这称为信仰，似乎信仰上帝多么神圣，信仰祖宗多么卑贱。

至少我们的老祖宗不这么认为。谁要是不信奉自己的祖宗和孝顺自己的父母，就会被认为是忘本。孟子就是这么说的，见什么爱什么，那与畜生有什么区别。生而为人，首先要学会爱父母，爱兄弟姐妹。前者为孝，后者为悌。孝悌是中国人的核心价值观，是中国文化的根本。无所谓对错，没有什么好坏，文化与习惯而已。我们的家庭教育，一以贯之，做妈妈的好孩子，要对得起祖宗，要给父母争口气，难道这错了吗？

身为中国人，不要妄自菲薄。困难只是暂时的，中华民族的良知和良心一直在那里。按照罗素的说法，中国人遇到的，只是现代化进程中的麻烦而已。我们真正需要恢复的是民族的良知和良心。尤其是那些先富起来的人，最好去学学德鲁克的理论。

我想告诉大家的是，互联网时代给了中国人一个千载难逢的机会，可以在中国文化传承的基础上，建立世界一流的企业组织和产业组织。

西方社会人与人之间连接的关系，靠的是契约，靠的是商业契约和社会契约。这是没有办法的办法，不得已而为之的办法。请记住，没有办法的办法，往往不是最好的办法。

之所以有人看不透这一点，是因为他们缺乏理论素养。

42

事业有多难

以前听人说，事业维艰，我没有太多的感觉。现在我做包子堂，有了一点感觉，真想跟别人说，创业维艰。

没有创业过的人，不知道其中的酸甜苦辣，更不知道其中的要害。现在很多年轻人都想创业，家长只能支持，把养老的钱拿出来支持，不免有点心酸，一群创业啃老族。

要想建一番事业，而不是做一桩买卖，尤其不是一桩投机的买卖，那么创业者首先得是一个有发心的人，最好是一个悟道者。

20多年前，我承接过一个咨询项目，是战略研究方面的，那家客户企业是给移动公司提供电源的。

我发现，那家客户企业的高管团队年纪参差不齐，有的比我大，有的比我小，年轻的只有30多岁。我就问了他们一个问题：你们想做大还是想做精？我的判断是，人生的每个阶段都有特定想法。年轻些的人也许想二次创业，年长些的人也许想打道回府，见好就收。我怀疑这些人在一起，难以形成志同道合的团队，以及坚强的领导核心。我研究的战略再好，也是白搭。

结果，他们不假思索地回答了我的提问，说既然是做企业，就要做大、做强、做久。我说做小、做精不丢人。

我接着再问，做大、做强意味着什么？ 3M 公司的董事长为了做大、做强，成就一番大业，整整 11 年没有拿过一分钱奖金。借用电影《少林寺》的台词：汝今能持否？

他们经过认真思考，回答说：能持！这回我很认真地告诉他们，建立一番伟大的事业，必须要有一个坚强的领导核心。每一个领导成员都必须把自己的灵魂抵押给伙伴，无论遇到什么艰难困苦，大家都能忠贞不渝，按共同认定的目标前进。

何况这家企业是中间规模的企业，按照德鲁克的说法，中间规模的企业是最危险的企业。它没有小企业的灵活性，也没有大企业的能耐，却有大企业的架势，如复杂的组织结构和部门关系、严格的规章制度，以及规范化的业务流程。

中间规模企业要么退回去做小、做精，要么迅速成长为大企业，没有中间道路可走。要想迅速成长为大企业，企业每年的增长速度必须高于竞争对手，高于行业平均水平，高于自身历史增长的速度。

要想形成坚强的领导核心，最高领导人必须把自己的一切都放下，克己奉公、以身作则，坚持公司的立场，否则没有办法唤醒核心成员普遍的良知和良心。我不知道现在的年轻人能否有这样的觉悟。

　　古人云，君子和而不同，小人同而不和。在古人眼里，小人就是唯利是图的人，小人的共同点就是唯利是图。所以欧阳修在《朋党论》中有过这样的论断，小人以利结朋，无利可图，就作鸟兽散。

　　当今这个世道，生存的压力越来越高，挣钱的欲望越来越大，加上一些媒体为了吸引眼球，鼓吹一夜暴富的神话，弄得人心惶惶，使人想入非非。殊不知，巴菲特的生意经是不赔，在任何情况下都不赔，而不是赚钱，赚大钱。

　　大部分人所讲的创业，其实就是合谋去做一桩赚钱的买卖，不是真正意义上的创立一番事业。一开始就没弄清楚做买卖和创业的区别。很多家长稀里糊涂地出钱给自己的孩子去创业，结果赔得一塌糊涂，把养老的钱都赔进去了。

　　当今这个世道，要想找一群志趣相投的人创业，非常困难。包子堂经过两年的时间，才聚集起来十来个志趣相投的人，而且还得感谢互联网，互联网可以把远在天边、分散在各处的志同道合的人积聚在一起。

　　以前，靠日常交往能够结识的朋友，不过是250人。真正对事业有帮助的，不过20%，50人而已。要想在这50人当中寻找志趣相投的人，太难了，局限性太大了。

　　现如今，我经常会讲，与这些志同道合的人在一起，即便干不成大事，也是很开心的。这也许就是创业期的红利，一起分享这个过程，分享这个创业期的红利。

　　创业的全部难点，也许就在这儿，聚集不起来一群志趣相投的人，剩下的只是相互折磨，不会开开心心，一起去面对困难，克服前进中的障碍，更不要说一起去分享创业期的红利了。人不会被累死，往往会被气死，被相互折磨死。

聚集一群志趣相投的人，谈何容易。说起来就这么一句话，做起来是一段痛苦的过程。写成教科书，也就那么一句话。谁能分解这句话呢？这句话里面有多少酸甜苦辣，多少经验教训呢？难以言表，难以拆解，只能借用辛弃疾的话：欲说还休，却道天凉好个秋。

选对人，齐心协力去干一件事情，太难了。男女之间只是一种关系，要想和睦相处，共建一个家庭，非常难，很多人活了一辈子，都处理不好这个关系。何况要把十七八个人拧成一股绳，太难了。我不知道，那些初出茅庐的毛头小子，怎能干好这件事？他们能干的，只是做一桩买卖，挣点钱而已。

我很想劝劝他们，千万别奢谈去做一番事业，别以为自己就是500年出一个的比尔·盖茨，或乔布斯。

像我这种人，闯荡江湖几十年，每每困惑于人际关系，不知道谁是真心的，谁是哄我高兴的，也不知道谁是冲着事业来的，谁是冲着钱来的。我只能不断地告诫自己，不要感情用事，要用共同认定的事业去衡量每一个人，用公司的立场去要求每一个人。创业期，志趣相投的人凤毛麟角，这是我的忠告。

43

看透一切

活到 60 多岁，自然什么事情都能看明白。事情看明白了，有关事情的人，难道还看不明白吗？

人老了，为什么能把一切都看透呢？经历的事情多了，或者吃亏上当的事多了，自然一切都明白了。

菲律宾乡村有一个小城镇，坐落在丘陵地带，每年都会有一场比赛，附近各个村庄的小朋友都会聚集过来，年龄在 7 ～ 12 岁。他们每人手里拿一个滑板车、一块滑板、四个滚珠轴承，只听一声令下，争先恐后，从公路的高处往下滑。

"谁能得第一呢？"记者问一位老者。老者不假思索："12 号！"结果，果然如此。记者不解，问老者怎么知道的，老者答非所问，说他在这儿看了 30 年了。

好在这个社会不太在意老头，老头有什么先见之明，对社会、对他人不会产生太大的影响。人老了就这点好，对社会、对他人无害。

也许正是这个原因，人老了会把一切都放下，没有包袱，没有顾虑，没有企图心，自然也就能洞察人心。

活明白不是老头的错，错在不会装糊涂，所以就会有人把老头称为老糊涂、老小孩。他们不会装糊涂，讨人嫌。

郑板桥的话也许是对的，难得糊涂。郑板桥可能也是上了年纪后悟出来的。聪明难，糊涂难，由聪明变糊涂更难。真是至理名言！

会者不难，难者不会。老者有一个优势条件，可以倚老卖老，大刀阔斧做减法，遇谁忘谁，遇事忘事。没有恶意，只图清静，颐养天年。

就怕曹操这样的人，明明知道"神龟虽寿，犹有竟时；螣蛇乘雾，终为土灰"，但依然我行我素，"老骥伏枥，志在千里；烈士暮年，壮心不已"。不得不说，拖累自己的，正是自己持有的价值观。

价值观是什么？按照沙因的说法，就是一个人内在的假设系统。遇到什么事，就会以此来衡量值不值，值得就去做，不值得就不做。按照西蒙的说法，就是一个人做决策的前提，暗含的价值前提。

人老了，活不了多少年，该放弃的都放弃，该放下的都放下。要想平安度过余生，最要紧的就是放下自己的价值观。

44

谁 是 贵 人

有人说，人生出息，关键要有贵人相助。与此相对应，轻视身边的人，越近越轻视。这也许是人之常情，不在乎亲人的感受，指望着贵人乃至别人相助。有高僧大德说，一个人的德行，看他对亲人的态度。

邻居家有一个孩子，从小到大就没干过有出息的事，不是说粗话，就是占别人便宜。邻里躲着走，唯有他70岁的老娘，管他吃，管他喝。

管吃管喝没意见，多说两句重话他就翻脸。看上去争得了自由，实际上没人理，没人睬。世上浪荡子很少，但有这种特征的人却不少，对别人和颜悦色，对亲人没有顾忌。

终于他进了监狱，还染上了毒瘾，走上了不归路。谁都知道那小子没戏了，可他老娘依然带着好吃的去探监，临走时还嘱咐他好好改造，出来重新做人。

父母对孩子的感情，绝非是理性的，也不是感性的，而是灵性的。无论孩子如何，永不放弃，出手相助，无怨无悔。

父母亲才是身边的贵人，而这往往被人忽略。可能的原因是理解有误，人们误以为贵人就是有权、有势、有钱的人。结交权贵未必是好事，福兮祸兮，弄不好会害了自己。

秦朝有个李斯，河南上蔡人，有一天，忽然灵光一现，有了感悟。茅房老鼠，平时吃得很糟，见如厕者，惊恐万状，四处逃窜。仓储老鼠，饱食终日，悠哉游哉。同为鼠辈，天壤之别，何故？处境不同。于是，他打点行囊，北漂到秦国，拜荀况为师，学帝王之术，官至丞相。

无奈，人算不如天算，他功败垂成，被判腰斩。这比起商鞅，结局似乎要好一些，商鞅判的是车裂，五马分尸。行刑前，李斯跟儿子说，一切都结束了，想当初，在家种地，无忧无虑，多开心啊。守住底线，平安即是福。

父母亲就是底线。每当我忘乎所以的时候，我就会想想父母，想想他们的门第出身、他们的事业境界，无须太深奥的掌故，脑子就会冷静下来，还自己一个真实的面目。

父亲，小学五年级辍学，据说，爷爷40岁时眼睛瞎了，父亲是长子，开始操持家事，估计那时的父亲也就是十三四岁，还是个孩子。父亲这一辈子很节俭，也很勤奋，可能与这段辛酸的经历有关。他的口头禅是：唯有勤俭才能发家致富。

他给自己刻下的墓志铭是：应将有时思无时，莫待无时想有时。

这能否成为传家宝,不得而知。我们这一代人,学会了挣钱,还没有学会花钱。下一代人,没学会挣钱,却已经学会了花钱。

母亲,小学三年级辍学。因为上学晚,到了三年级,母亲就进入青春期,比同班同学高一头。不好意思在那里混了,辍学在家干农活。母亲因为家里穷,家中孩子又多,所以小小年纪就进了包家门,当童养媳,18岁与我父亲完婚,不久,有了我大姐。

把父母尊为贵人,守住自己的根本,剩下的就是靠自己的努力。像王羲之那样,不断努力,练就一手好字,成为书法圣人,福荫子孙。王羲之的儿子王献之、王凝之、王徽之、王焕之、王操之,不是都成为名噪一时的书法家了吗?

有一天,王献之问母亲,何时才能练就,三年?五年?母亲指着18口大缸说,功到自然成,把这些缸中的水写完。王献之真的做到了,其书法成就与父亲齐名,史称二王。

靠他人相助是有前提的,前提是你有本事。一个人要是没本事,谁也帮不上你的忙,谁也不会帮你的。一个人要是不努力,不站起来往前走,谁也背不动。

不要老想着哪天会有贵人相助,那是没有意义的事情。要时刻提醒自己,每天进步一点点。要扪心自问,自己是否真的有长进,真的有本事。天助自助者,天救自救人。

45

找 对 人

人生有那么难吗？找对人。找对人，一切都不那么难了。即便遇到逆境，你也不会纠结、沮丧或绝望，相反，你会变得平静、坦然或自在。

找对人，首先你自己要成为对的人。鱼找鱼、虾找虾，乌龟找王八。自己要是不对，你永远不会找对人。

我有一个学生，后来跟我搞咨询，成为我的徒弟。闲来无事我们聊到沟通，他困惑于人与人之间的沟通与交流。

沟通是人与人之间的关系，不是语言的往来，而是心灵的交流。如果你是一潭浑水，只能把对方的心境搞乱，让别人也变成一摊浑水，达不到沟通与交流的目的，只能越搅越浑，别人唯恐躲之不及，不会愿意跟你交流和沟通。

一个人必须先把自己的心静下来，交流从心开始。就像冯友兰所说的那样，要修身养性，使自己的心境平静下来，所谓静底，像一潭清澈的水。你就能够看清楚什么是大什么是小，你就能够抓住根本，知道什么是关键的，什么是次要的或可以忽略不计的。交流才能像一汪清泉，流进他人的心田。

与人交往，分工分利是根本。如果彼此斤斤计较，担心做得多、分得少，那么，任何合作都会是短暂的。短暂的合作就是一锤子买卖，不能构建长期的合作，不能培育出 1+1>2 的组织化功能，持续提高创造价值的能力。只有自己变得更好，成人达己，才有可能找对人。

芸芸众生，十几亿人口，你找谁呢？别想那么多，找对三个人就可以了。一是妻子，二是导师，三是合作伙伴。

没有哪户人家会为你生一个妻子，娶而为妻的关键在于经营，在于自己的经营。

夫妻之间的关系也一样，分工分利最重要。合乎产业社会的一般要求，产业社会和家庭是同构的。到社会上去打拼之前，必须把这件事情放在头里，把家庭中的分工和分利关系安排好，所谓成家立业。

为自己创造一个避风的港湾是头等大事。对待妻子，古人强调相敬如宾，准确的表达应该是遵循社会原则，成人达己。换言之，成人达己从这里开始，从夫妻关系开始，帮助这位昏了头嫁给你的女人找到位置，安排好她人生的定位，并且使之变得越来越自在和自信，所谓齐家治国平天下。这是分工关系，家庭的分工关系是最难处理的关系，需要时间与精力。

剩下的就是分利关系，这是很简单的事情。我的经验是，把成就留给她，把成就感留给自己。男人要明白，自己需要的只是一份成就感、一份事业、一份为他人做贡献的能力，如此而已。向内求索、精神升华是男人一生的根本，是幸福的源泉。

然后是选择人生导师。人生需要导师，需要引路人。依靠导师，人生的道路才会越走越宽，走上坦途，但不一定是捷径。一切经历和经验必须发生在自己身上，这是男人的财富。男人的财富不是钱，而是经验与经历，或阅历。

古人总结了五个字：天地君亲师。在家靠父母引路，走上社会靠导师引路。他们是过来之人，站得高看得远，并帮助你守住为人做事的道。

师傅领上路，修行在自己。人生的路要靠你自己走。出道之后，你必须师法天地，道法自然。导师只是帮助你看到了自己。你还必须走入天地之间，观天下，见众生。这也是中国传承下来的士大夫情怀。

师生之间的关系，古人已经规定得很清楚了，一日为师，终身为父。侍奉师父，合乎孝道。生你的是父母，教你的是老师。人类超越动物界的根本原因，在于有老师。

人类靠老师传承知识、经验和才干。动物主要靠遗传基因传承本事。动物的本事主要靠基因，它们的行为被基因锁定。人类的本事主要靠老师，靠老师的引导与传授或教育，尤其是待人接物等内在本事，靠老师的心法。师傅带徒弟是中国文明的根本。

　　不要以为自己是孙猴子，是从石头里蹦出来的。即便是孙猴子，也要拜师学艺。我大学上了 12 年，学士、硕士、博士，但真正的心法或思维方式，是从我的导师那里传承过来的，我侍奉师傅达十年之久。

　　最后才是找对合作伙伴。要想成就一番事业，必须找对合作伙伴，所谓事业即人。中国最不缺的是人，最缺的是人与人之间一体化的关系体系。合作伙伴，彼此在一起，能够相互依存、相互作用，并按照创造价值的能力，形成良性循环。

　　男人一生中都在找事业伙伴，大部分人都有一个误区，关注外在的吃喝玩乐，忽略内在的志趣相投，自然而然，一生中只有一大堆玩伴，用世俗的话说，一堆酒肉朋友。

　　欧阳修写了一篇《朋党论》，认为君子有党，小人有朋。君子之间的关系，强调的是共同的追求和事业。小人之间的关系，强调的是追名逐利。一旦追逐名利无望，小人之间就作鸟兽散。

　　作为男人应该近君子而远小人，下大力气去寻找精神饱满的谦谦君子。即便干不成大事，彼此在一起相互勉励，也是很开心的。话说回来，干成大事是一个结果，人算不如天算，谋事在人，成事在天，不可强求。这个结果依赖于彼此在追求共同事业过程中的开心。这是真正的以人为本，千万别迷失了自我，别本末倒置，苦了自己，苦了伙伴。

　　支撑事业的伙伴，必须彼此尊重每个人的个性天赋，以及本能的追求，不要没事找事，自寻烦恼。这是任何人都不能改变的，就连他本人都改变不了自己的天性。所以我们要强调找对人。互联网时代给了我们很大的便利，我们可以跨越时间和空间，把远在天边志趣相投的人聚在一起。

为了共同的追求，求大同、存小异，彼此要约法，并且，一开始就要用理智驾驭感情，确立分工与组织的基本原则，这就是共创共享共有，帮助每一个人发挥自己的天赋与才干，并获取个人在一体化关系中的价值最大化。

有了这个前提，有了彼此真心实意的认同，后面的事情都好解决，都能找到解决的办法。杰克·韦尔奇说，企业中确实有很多烦人的事，但绝没有难事。一切能够放到桌面上谈的事情，绝不是解决不了的难事。我认为这里的关键是，能不能把所有的事情都放到桌面上来谈，前提是要有一个合乎社会准则的组织原则，并且，每一个合作伙伴都要对此做出真心实意的承诺。

企业的事情本身并不复杂，它的复杂性是因为一开始没有做对，发生了本源性的错误，按现在的流行说法，就是顶层设计出了问题。结果把事情弄得越来越复杂，解决问题的办法也越来越表面化，背离了本源命题的探讨，最终丧失了解决本源命题的条件和途径。

我们有很多理论工作者，数以万计的理论工作者，在那些派生出来的、本不应该发生的命题上花了太多的精力和工夫，想出太多的招数和办法，美其名曰系统解决方案。最终的结果是把管理学科搞得很复杂，众说纷纭，学派林立，莫衷一是。管理学就成了流行学，年年有招数，一年一个样。

46

赞 美 他 人

爱美之心人皆有之,赞美之情却未必有。我们要学会赞美他人,赞美他人是一种美德。说一句好话与说一句坏话,成本是一样的,千万别干傻事。

再差劲的人(垃圾人除外)也有可爱之处,生活中不缺少美,而是缺少发现。这符合管理学的思想,用人所长。我们要养成一种良好的习惯,看别人的长处,努力去发现别人的长处,发现人性美的东西。

过去,我一直很纳闷,父亲那么专业,为什么一辈子不得志呢?一般的人都认为,是环境的动荡,阴差阳错,金子被埋没了。对也不对,很多才能平平的人,活得都不错。

父亲从小做生意,13 岁就会打算盘,后来左右开弓,两手都会打算盘。他尤其工于心算,多位数的乘法随口说出结果,人称一口清。

无论算土方，还是当会计，他一辈子没错过一笔账，专业精道。他的生活非常节俭，精打细算。

家里人一直认为父亲胆小、精明、算小账。几个孩子背地里给父亲起了个绰号——犹太人，特指吝啬的犹太商人，精明而不聪敏，见小不见大，所谓太关注细枝末节，容易忽略大的方面。

我们这些做孩子的，从来没有认真思考过。父亲是一个很有责任心的人，非常有职业性。这恰恰是我们应该继承的。我们这一代人，太缺少专业性和职业性了。

然而，一个人的专长究竟会因什么而被埋没？回忆起往事，有一件事情，让我有了不一样的人生感悟。

说来话长，在那动荡的年代，我没学上，父亲每天逼着我写毛笔字、练书法。不久，过年了，全家到无锡老家。闲来无事，我写了副对联，想贴在爷爷奶奶家的大门上，向父亲请示，满以为能得到准许与夸奖。他扫了一眼说，你以为你的字写得好看。我顿时感到很扫兴，垂头丧气。

自那以后，我就留心观察，父亲从不表扬人，也从不顺情说好话，要么不说话，说话就带刺。他待人接物几近苛刻，经常挂在嘴边的话是：这世界上没有无缘无故的爱，也没有无缘无故的恨。

这世道，也许就是这样构成的，人人爱听好话，谁要是不会说话，不会请客送礼，就吃不开，就没有朋友，就没有人提携。有人说，人际关系也是生产力。

管理学有这样的统计分析：会处世的人升得快，会做事的人升得慢。结论是，会做事不如会处世。果真如此吗？中国人擅长于处世哲学，现代社会，不见得管用。

父辈的事情就算过去了，吾辈应该怎么活呢？有一位老先生说，假话全不说，真话不全说。我赞同这样的说法，这样好，凡事不走极端。该赞美别人时，千万不要吝啬，要赞美，尤其要用心去发现别人的美。该批评时，点到为止，照顾别人的面子，中国人爱面子，越是大人物越是这样。

要注意，阿谀奉承有虚假的成分，也有欺骗的成分，千万不要故意为之，自欺欺人，损人害己。凡事要真诚，不要有自己的小九九，不要刻意取悦他人，这是弄巧成拙的事，这世上谁也不比谁傻。我主张以至善之心对待他人。

与人打交道，难免客套，这属于礼貌的范畴。礼貌的本质，是对自己的尊重，而不是对别人的尊重。不自重，往往张弛无度，举止失当。尊重别人，礼貌地对待他人，首先要学会的是自重。

什么该说，什么不该说，说到什么程度是合适的？中间有个基准，用约定的规则，或约定的事项，与人打交道。确保表扬和批评恰到好处，对事不对人。无规矩不成方圆。

现代社会，我们经常会与陌生人打交道，经常会与不认识的人初次见面，因此要养成这样的习惯，就事论事，把事情说清楚，就一件具体的事情进行约定。一切皆有准绳，纲举目张、收放自如。

不要轻易给人贴标签。不要像一个电影看多了的孩子，以貌取人，胡乱推断。应该像一个心智成熟的人那样，无论事情成与不成，都要怀揣着一颗赞美他人的心。

少说一句废话，天不会塌下来。是非自有公道，时间老人会告诉你一切。尤其在职场上，要用理智去驾驭自己的情感。人的脸面薄如纸，一旦捅破永远糊不上。

多说一句好话，比如，理解的话、善意的话、礼貌的话、赞美的话，你不会有任何损失，相反，你会赢得赞誉和尊敬。

47

摆 脱 过 去

德鲁克在《卓有成效的管理者》一书当中说道，只有摆脱过去，才能走向未来。

很多年轻人不知道，摆脱过去和走向未来是两件事情，不是一件事情，也不是一件事情的两个方面，必须一件一件去做，先摆脱过去，再走向未来。

这个思想或见解，跟我们常人的认识，跟"常识"是不一样的。一般人认为，不破不立，破字当头，立在其中。

我们经常说，让过去的事情就过去吧，而实际上过去的事情不会那么简单地过去，它的影响还在，还会继续发生作用。消除过去事情的影响，或者说，从过去的事情中摆脱出来，叫作"摆脱过去"。

麦当劳帝国的缔造者克罗克开始的时候也不知道这个思想，专门去找熟人开加盟连锁店。按照常识，熟人好办事，知根知底，省事省力，一拍即合。

克罗克不知道，在转向一个新创的事业时，知根知底的熟人是个麻烦。人性往往表现为社会性，社会性讲的是一种关系。过去的熟人已经结成了一种关系，这种关系中包含着约定俗成的规则，以及各自的角色定位，久而久之，习惯成自然，很难适应新事业的要求。

新的事业往往需要重构人际关系，重构人与人之间的分工和分利关系，以及相应的制度规范和行为准则。

克罗克在见识麦当劳兄弟之前，只是一个推销员，凭着勤奋和拼搏，挣了一点钱。尽管他后来开了一家公司，只雇了一个秘书的公司，但本质上是一个个体户。这是 1954 年以前的事。他过去的朋友，差不多也都是有点钱的生意人，有自己的本事，以自己的长处为核心，形成了各自的生利模式。

克罗克的老婆很在意这些朋友，觉得他们有知识、有文化、有教养，受人尊敬，并且形成了有品位的社交圈，经常聚会，或打打高尔夫球，交流一下彼此的信息，有生意一起拼单，齐心协力捕捉机会。城镇级精英的生活，不温不火，体面而优雅。

在见到麦当劳兄弟之后，克罗克强烈地意识到，自己的人生将因此改变，遇到了一个千载难逢的机会。这种机会过去不会有，未来也不会再有。他将领导一个伟大的事业，引导麦当劳走上加盟连锁的道路，把麦当劳兄弟的店开遍全国。

他是一个推销员，走遍美国的各个城镇，发现每个城镇都有两个显著的建筑物标志——法院悬挂着国旗，教堂耸立着十字架，十分醒目。他要缔造第三个建筑物标志，麦当劳快餐店及其金色双拱门。他已经看到了正在发生的未来。

可是他却没有强烈地意识到要摆脱过去，不知道在开创新事业之前，摆脱过去是最重要的。因此，他想都没想，就去找过去的朋友合作，开麦当劳的加盟连锁店。他可能以为，这些朋友是他的资源与关系，一定会有助于他事业的发展。他底气十足地跟麦当劳兄弟签下合约，独家代理麦当劳在全美国的特许经营权，全权负责麦当劳加盟连锁店的事情。

麦当劳兄弟也想都没想就同意了让克罗克负责加盟连锁的事情。这种好事摊在谁的头上，都会顺水推舟，欣然应允。克罗克授权经营的加盟店越多，麦当劳兄弟的收入就越多，坐收渔利，分享加盟费。

麦当劳兄弟很本分，足不出户，一心一意地经营门店，用现在的话说就是没有事业野心，没有企业家精神。如果没有遇到克罗克，兄弟俩也就是一家快餐店的老板，默默无闻，自食其力，终老于加利福尼亚州。

很快，克罗克就上手了，他找了几位熟人，开了三家麦当劳的加盟店。结果，他发现这些店经营得很差，垃圾随处乱扔，牛肉不是烤生了就是烤煳了，调味酱不是加多了就是加少了，最不能容忍的是，随意添加食品进行销售……一句话，没有按照麦当劳兄弟的样板门店进行复制，没有严格按照标准与规范进行经营与管理。

克罗克忍无可忍，去找这些朋友理论，然而，他们却漫不经心，不把克罗克及其提出的问题当一回事，最终导致双方决裂。

这些朋友觉得克罗克这个人很难打交道，翻脸不认人，不可理喻。自己好心好意，作为朋友帮个忙，出点钱开家店，错在哪儿？凭什么为一点小事兴师动众，指手画脚教训人！

克罗克不这么认为，这些过去的朋友只知道做买卖，把投资开店当作一个生意来做。他们根本不知道这是一个千载难逢的机会，根本没有把它当作一项事业来做，没有事业心，没有做大事业的战略眼光。克罗克认为，过去的朋友已经成为过去。他决心摆脱过去，寻找未来事业的同路人。

克罗克认识到，麦当劳兄弟的担心，担心各地的加盟店不能保证品质，不是多余的。加盟连锁的关键在于统一标准与规范，每个加盟店必须严格执行。否则，这项伟大的创举必将胎死腹中，把麦当劳快餐店开遍全美国的梦想，终将成为泡影。

让麦当劳兄弟俩成功的样板店走遍美国，关键在于统一标准与规范，不折不扣地进行严格的复制。而关键的关键在于找对人，必须下苦功夫，花大力气，找到像麦当劳兄弟这样的人，把经营好一家门店当作自己赖以生存的基础，甚至当作自己生命的全部。

成功绝非偶然，克罗克的成功不仅仅在于他的勤奋和拼搏，更在于他的认知高度，能够清晰地把握未来事业的发展逻辑，并且能够在成败的关键上形成概念。很快他就找对了人，建立了新的朋友圈，一个能够支持新事业发展的朋友圈。

一对夫妇听懂并相信克罗克对未来事业的描述及其逻辑，申请加盟连锁事业，成为麦当劳"兄弟档"之后的"夫妻档"。之后，克罗克更加明确要把麦当劳变成一个大家庭，唤起每一个成员的主动性和创造性，共同去创造一个未来、一项伟大的事业。

从1954年开始着手连锁店事业，到1984年去世，大约30年的时间，克罗克创造了年销售额300亿美元的帝国，加盟门店已经走向世界。麦当劳家喻户晓，成为全球第二大品牌。

我联想起自己的往事，备感幸运。当年，我并不知道摆脱过去和走向未来是两件不同的事情，却意外地做对了。离开大上海，离开了熟悉的环境，我只身来到北京求学，无意中摆脱了人际关系的束缚与羁绊，按照自己人生的追求，重构新的人际关系。我想，个人如此，企业乃至一个国家更是如此。

48

学 会 放 弃

老子说，少则得，多则惑。上大学之前，我看过一本书《菜根谭》，上面有一句话：若业必求满，功必求盈者，不生内变，必召外忧。这些都是至理名言，几乎不言自明。究竟有多少人参悟了呢？很少。

这里的关键是放弃，学会放弃。佛教强调"舍"。在上大学的时候，同学经常说我是上海人。什么意思？在他们眼里，上海人精明而不聪明。从此，我就被打上了标签：上海人。

以后，凡自我介绍的时候，我就说自己是江苏人，老家是无锡的，父母都是无锡人。

无锡人给人的印象还是不错的。后来人家问我无锡怎么样，我就傻了，被问傻了，只能如实相告，出生在上海。结论还是一个，那就是上海人。

出路只有一条，改变自己。装傻还是会的，江湖上做小不做大，老子学不会，装孙子还是可以的。

与人合作写本书，把自己名字放在最后，自己少拿点稿费，或者拿点钱出来，供养帮助过自己的人。一个字：舍！

不知不觉，年光过尽，书生老去。到了40多岁，周围人开始对我有了好感，说我不像上海人。那何时能成为圣贤之人呢？有时候想想也挺冤的，混了半辈子，终于混出个像样的名号：不像上海人。

那选哪儿好呢？有一句话是这么说的：南山南水南才子，北天北地北圣人。北方出圣人，南方出才子。辛弃疾曾经说：天下英雄谁敌手？曹刘。生子当如孙仲谋。按曹操的话来说，天下英雄，使君与操。曹操与刘备都是北方人。

上了研究生，我开始观察北方人。一个是安徽人，一个是辽宁人，同室好友。他们觉得上海人太小气了，有烟自己抽，吃独食；北方人豪爽，哥们义气，称兄道弟，不分你我，相互敬烟，相互请客。

没过多久，烟越抽越多，钱越花越少。一文钱难倒英雄汉。为了兄弟情谊，俩人共同出资买烟。当时最经济实惠的是大众牌香烟，几毛钱一大桶，随便抽。但他俩好烟与坏烟还是分得清的，忍不住，常来我宿舍讨烟抽。

这也不是常事，每次跟我要，他们觉得没面子，尤其是跟上海人讨烟，太伤自尊了，丢不起人。当然，我不这么想，我很尊重北方人，照顾他们的情感。

世上无难事，办法总是有的。私下里，他们各自买包好烟，放口袋里。俩人经常来我宿舍串门，自燃自抽，大家心照不宣，怡然自得，不再纠结。兄弟情谊依然在，只是内涵改。

大家原本以为，这种局面可以维持到毕业，但一件事情导致俩人颜面尽失。我联想起一句台词，让人啼笑皆非：为兄弟两肋插刀，为老婆插兄弟两刀。

一天在食堂吃饭，同学围成一桌，快吃完饭时，辽宁同学问安徽同学："想不想吃酱牛肉？我也给你带一份。"安徽同学回答说不吃。辽宁同学买了一份，刚放到桌上，还没坐稳，安徽同学就上手夹了一筷子往嘴里塞。辽宁同学就不高兴了："你不是说不吃吗？"对方回答："我尝尝总可以吧？"辽宁同学就更不高兴了："尝尝，你不能挑小一点的吗？"

每一个人都要修炼，无论是北方人还是南方人。修炼是理智的行为，与情感或性格没有太大关系。豪放的北方人、精细的南方人，只是一种传说，都需要进入理性层面修炼。

随着事业的成长，人需要不断修炼。修炼是个人的行为，是自私的行为。修炼是个过程，是一辈子的事情。最终的目的是使自己变得坦然、自在和宽容，在人生终极之前，享尽智慧上的愉悦。

修炼的核心是舍，学会物质层面上的放弃。通过物质层面上的放弃，体会精神层面上的愉悦。

经济是基础，不要盲目地舍。我比较欣赏李嘉诚的说法，拿出20%的收入，帮助那些需要帮助的人。

49

真善美的产品

现在有人在网上天天喊爆品、爆品、爆品。与这个概念齐名的还有尖叫、极致、无敌，非常抢眼。

就像当年雀巢咖啡进入中国市场，天天做广告：雀巢咖啡，滴滴香浓，意犹未尽，味道好极了。叫得人心烦，就喝一口吧，结果上瘾了，雀巢咖啡就成了爆品。

这里我就想跟大家说这个事。不要以为听了课，你就能弄出爆品，课听多了只会上瘾。成为爆品的一定是别人的课，而不是你的产品。

1. 产品只是一个结果

先说一件陈年往事。1997年，我申请破格教授。评委中有一位教授提问：你认为企业中最重要的事情是什么？当时我觉得这个问题问得太突然，也太简单，随口说了句"不知道"。那位教授郑重其事地告诉我，是产品。我心想，傻瓜都知道。

产品是企业中的一件事吗？产品是企业中各种事情的一个结果。你还不如告诉我，利润最重要。想必那位教授知道德鲁克这个人，不敢说出这个话。德鲁克说过，利润只是一个结果，利润甚至不是一个目标。

所以，爆品是一个结果，不能拿结果直接来说事。

按照德鲁克一贯的思维方式，你得首先告诉大家，中国的大多数企业，为什么做不出好产品？为什么做不出性价比叫绝的产品？障碍在哪里？原因是什么？然后，你再告诉大家应该如何针对原因，克服障碍，找到解决问题的办法。

在爆品大师那里，似乎中国人缺少的是爆品意识，似乎只要把观念转变过来，爆品就产生了。

中国人喜欢说这么一句话：只有想不到，没有做不到。我总觉得这句话说反了，一个人要是没有在一个领域中坚持十几年艰苦卓绝的努力，不可能有什么见解。这是德鲁克说的话。一个人只是想到了而做不到，等于不知道。这是王阳明说的。

中国的企业家真的缺爆品意识吗？他们中的许多人，梦寐以求的就是生产出一款适销对路的产品，每天盘算和琢磨的是，如何使自己的产品引爆市场，红遍天下。所谓一招鲜，吃遍天。

对这些老板而言，他们真正的刚需、高频、痛点，就是生产出一款爆品。求之越切，痛之越深。他们弄不出爆品，觉得听听课也不错，聊以自慰。

2. 好产品的三个元素：真、善、美

我再给大家讲一件陈年往事。本科我是学生产管理的。我学习过纺织、机械、冶金、电力、化工、船舶、食品等传统产业的作业过程和工艺流程。研究生是学研发管理的，博士生是学人力资源管理的，营销是自学的。我有资格说，好的产品涉及三个元素：真、善、美。

真就是真理。对企业而言，就是产品的研发能力，以及所掌握的技术与人才，包括你对技术资源和人才资源理解和了解的程度。

善就是善良。对企业而言，就是把握市场需求的程度，以及为市场做贡献意愿的强弱。

美就是艺术。对企业而言，就是艺术与文化的底蕴，以及体现在产品上的艺术美感、品位或品格。

3. "真"的不足

自从联想提出"贸工技"的战略道路，至今已经有 30 多年时间了，结果如何？众所周知，西方人依然控制着微电子技术的研发领域。

从巴黎统筹会议开始一直到今天，西方社会努力在做的事情，就是对中国的技术封锁。

日本民间人士都有这样强烈的意识，要在技术上领先中国保持

50 年。我在北海道钏路认识一个日本人，带我去参观他的小木屋，说这些树都是他爷爷种下的，不是每个日本人都盖得起这座木屋。他接着说，如果中国人都想盖这么一座小木屋，全世界的树都不够。

从那个时候我就知道了，生存竞争依然是这个地球上的至上法则。如果每一个中国人都过上美国人的日子，四五个地球都不够。忘了是谁说的。

这里没有是非但有因果。在这种背景下，在这种技术封锁的背景下，如果不能像华为一样努力，你在技术上根本没有一席之地，无法跟人分庭抗礼。

"华为基本法"中是怎么说的？依靠锲而不舍、点点滴滴的努力，成为世界级公司。其中包括与狼共舞、与人周旋。相比之下，爆品的思维失之偏颇，与华为的境界及意识大相径庭。我们真正需要唤醒的是国人卧薪尝胆、自强不息的意识。我们应依靠锲而不舍、点点滴滴的努力，强化我们的工业技术基础。

盛田昭夫说，技术才是财富的真正源泉。因此技术也就成为一种稀缺资源，谁控制了核心技术，谁就对产业价值链有话语权，有支配力和影响力，有议价能力。

如果触摸不到核心技术，我们在这个领域就没有机会与西方人共舞。

于是，诸多企业赚钱的逻辑就变得简单粗暴，即依靠技术引进、生产线或设备引进和产品引进，直接参与市场竞争，可谓"重复引进，一哄而上"。然后，通过迅速扩大产能和产量，降低成本，降低售价，提高市场份额，最终引发同质化恶性竞争而不能自拔。可以说，诸多竞争性行业，30多年来就干了这么一件事，即规模化外延扩张。

啰啰唆唆讲了这么多废话，就是想告诉大家，爆品的概念，迎合了继续规模化外延扩张的企图心。

对中国企业而言，规模化外延扩张的方式已经走到尽头。也许爆品能使外延扩张得以延续，但那只是暂时的、一过性的，不是根本性的、方向性的。过多地强调爆品，会使我们的企业迷失方向。

企业的方向在于摆脱外延扩张的方式，努力夯实工业技术基础，逐渐转向内涵式发展方式，这是正道。张维迎告诫大家，不要利用人性的弱点挣钱。

过去的时代，我们可以靠爆品或制造爆品，圈住经销商和零售门店网络，迅速形成强大的工商联盟，形成并深化工商之间庞大的一体化关系体系。

可口可乐的案例充分证明了这一点，工商之间的利益关系是可以持续的。可口可乐公司用30%的销售收入，去影响消费者，让消费者以为100年前喝可乐是时尚，100年后喝可乐还是时尚。大规模的工商合谋关系，由此建立并得到强化。

现如今，已经是互联网时代了，市场争夺的重心，从经销商转向消费者。企业与消费者之间的供求一体化关系很难维持。企业和消费者之间存在天然的对立，这就是生产的效率与消费的效用之间的对立。爆品管得了一时，管不了一世。

企业必须从根本上改变工业化以来的产品思维，即通过标准化的手段，把产品原型变成机器可以加工的商品，然后量产量销。

企业必须站在消费者主权的立场上，依靠组织与管理能力，成为产业价值链的组织者，和产品与服务的采购者。

这就意味着企业必须要有控制技术和掌握技术的核心团队，由此才能整合供应链网络的力量，搭建第三方技术和第三方产品平台，才能持续为消费者生活方式中的某个部分做贡献。所谓跨界。

否则，企业只能在消费者生活的表层上，或在无关紧要的缺乏技术含量的方面，构建一个商务型的社区。

这样我们就能解释，现在很多火爆的社区商务，为什么都集中在倒买倒卖的层面上。

除此之外，有点技术含量的社区，差不多也就是集中在嘀嘀打车这一类的软件产品上，或者像小米手机这样的供应链非常开放的产品上。

4."善"的障碍

"善"就是善待消费者。中国企业更多的是产品代言人，而没有消费者代言人。没有人为消费者代言，站在消费者的立场上对企业各部门说话，站在消费者的立场上对企业说"不"。

　　这肯定不是企业的本意，不是一个有良知和良心之人的本意。何况市场导向的观念已经流行了很多年。用古人的一句话说，非不为也，不可为也。

　　到底是什么阻碍着企业不这样去做呢？是工业化以来，产品经济的思维以及大量生产方式，阻碍着本土企业去善待消费者。

　　受早期工业化及产品经济思维的影响，企业努力开发产品原型，然后借助于工业标准化的手段进行量产量销，谋取规模经济收益。

　　中国的一些企业老板不明白的是，工业化早期的这种思维和做法的有效性，是有历史条件的。这就是不成熟的市场和成熟的产品。企业只需要把成熟的产品，经过老百姓生活检验的产品，拿来进行规模化生产，以降低成本和售价，就可以打开大众消费市场，获取规模收益。

　　在西方，早年的一些企业老板，会努力挖掘人类历史上积攒下来的那些精品，如锅碗瓢盆、桌椅板凳、服装鞋帽，把它们作为工业产品的原型，借助于工业标准化的手段，以机器代替人力，进行大规模生产，降低成本和售价。

　　那时的老百姓或消费大众，对皇亲国戚、达官贵人、殷实人家使用的东西心仪已久，但是没有钱购买。他们的消费或需求是不成熟的，对廉价的工业品保持热诚的态度。

　　中国改革开放以后，本土企业也遇到了这样的黄金时期，只要进行简单引进，包括引进产品、引进生产线，就可以规模化量产量销，获取利润与财富。

可是好景不长，消费者越来越挑剔，市场成熟了。他们追捧的不再是廉价的工业品，对降价促销也已经很麻木了，除非你不要钱，他们才会考虑考虑要不要去用用你的产品。如果是 386、486 这样的电脑，白给我都不要，懒得去拿，免费送到家，我都嫌没地方放。

消费者需要的是生活方式，需要的是能够满足生活方式的产品与服务。

一句话，今非昔比，企业面对的是成熟的市场和不成熟的产品。面对这种迅速逆转的环境，面对这种急转直下的形势，大部分企业束手无策。

专家学者再说什么市场导向，顾客是上帝，已经没用了，没人听得进去了。谁要是斗胆跑去企业讲科特勒那套东西，准被人轰出来。其老板一定会说：少废话，要不你来干干，我这大规模的生产线，怎么转向市场导向？

专家学者也得活下去啊，他们也得挣钱养活自己呀！真有聪明的专家学者，脑子终于转过弯儿来了，发现小米干得不错，手机都卖爆了。这些专家学者，终于找到了这个历史时期的课程卖点，这就是"爆品"。什么是"爆品"？就是可以大规模引爆市场的产品，就是可以继续量产量销的产品。

这是在大量生产方式条件下，企业家听得进去的话。对这些传统大叔来说，只要保持产品经济的思维，只要保持大量生产的方式，那么我们也来玩玩爆品吧！一时间爆品的概念甚嚣尘上。

中国人玩概念的能力很强，既然有人已经叫响了爆品，那么我就叫别的，宁为鸡头不为凤尾，我就来一个极致、尖叫、无敌，怎么样？反正在《康熙字典》中，有的是这类吸引人眼球的词。反正有人说过，互联网经济就是眼球经济。

周鸿祎终于忍不住了：别把爆品说得天花乱坠，我告诉你们就三个概念——高频、刚需、痛点。按理说，爆品的故事应该结束了，所有传统大叔都应该认真去思考这三个概念。

这三个概念讲得多精准、多简约。你只要踩住这三个点中的任何一个点，都有机会活下来。如果这三个点你都踩中了，自然就是爆品。全世界有多少人在思考这三个点呢？我告诉你，不计其数。那又有多少大规模生产的企业踩中了这三个点呢？我告诉你，寥寥无几。结论由此得出，你没必要在这儿浪费时间。

这里不是你的出路，这里没有你通向未来的大门。其中的道理很简单，我已经从很多角度，在很多场合，讲了很多遍了。规模化的生产与多样化的需求之间的矛盾已经深化，不可能在产品的表层概念上，予以有效的调和，必须在产业结构及其组织方式的深层次上，进行系统的调和或缓解。

世间事就是那么奇怪，一旦有人追捧爆品，别人、更多的人心里就痒痒。万一，万一呢？万一人家找到了爆品，那我不就亏了吗？

这是一种什么心理？这种心理可以在旅游景点购物的情景下看到。有一本书似乎能解释这种心理状态，这就是法国人写的一本书《乌合之众》。这是一本学术著作，译者或出版社也许受标题党的影响，起了这么一个扎眼的书名。

最近周鸿祎实在忍不住了，又出来讲话：明确告诉大家小米手机占了一个便宜。它用互联网的手段直接连接消费者，省去了渠道和门店的费用以及由此发生的各类广告宣传促销费用，还有人工费用与人员管理费用，直接把四五千元的智能手机的价格打下来，卖 1999 元。玩儿的还是"产品性价比"中的价格维度。

我现在手中就有两部手机，一部是苹果，一部是小米。我想通过本人实际使用，感知一下小米手机的功能是否比苹果手机更为强大？感知一下，在产品的真善美三个维度上，小米是否有超越苹果的实质性的内涵？我可以诚实地告诉你，没有。相反，小米手机让我着急的次数更多一些。比如，在摄像的条件下，它会热得发烫。不过看在钱的分上，我觉得小米手机似乎更划算一些。

周鸿祎是大师级人物，他所讲的是真知灼见，简约而不简单，值得我们好好学习。

比起工业 4.0，利用互联网来连接广大消费者群体，似乎更能提高效率、降低成本和售价，所谓"去中介化"。

然而，从创造价值或创造物质财富的角度看，中国企业更应该在产品的功能和品质上下功夫，通过提高产品的有用性及使用价值，来提高产品的性价比。它们尤其要关注，通过提高产品的性能和品质，来降低使用成本、提高使用效率。这是另外一些专家学者倡导工业4.0 的原因和理由。

这是两种并行不悖的正确的思维，至少比起爆品的概念来讲，它是正确的思维，代表了未来的方向。

连接或协调这两种并行不悖思维的概念，就是基于互联网的社区建设。我强调的观点是，利用互联网去构建与深化"供求一体化"的社区关系，去深化消费者社区的数字化生活内涵，从而促进新的产业组织方式的形成，以及产业价值链生态的形成。在这过程中，有的放矢地改进和提高我们的生产技术基础，逐渐地导入工业 4.0 的概念，由浅入深，由点到面，去提高我们的产品品质和性能及使用价值，逐渐丰富或改善消费者社区的生活方式和生活体验。

不是简单地利用互联网手段去中介化，停留在降低中介成本的水平上。我们知道，在那些竞争性行业中，中介的成本和费用或利益空间已经很小了。我担心，仅仅停留在去中介的概念上，会引发进一步的恶性竞争，其结果，要么利用资本市场烧钱圈用户，要么倒逼供应链，劣品驱逐良品。

当然，更不能利用互联网去制造什么噱头或爆品。

我们必须彻底放弃产品的思维，学会利用互联网手段，去构建供求一体化的社区，走进需求链，走进顾客的生活方式。换言之，我们要把注意力转向经营社区，而不是经营产品。我们不要辜负了移动互联网的机会，辜负了老天爷赋予中国人的千载难逢的机会。

可以说，本土企业在满足顾客需求方面，没有强烈的意愿和足够的能力。

有了互联网手段之后，首先想到的不是如何弄清楚顾客的生活方式及需求，而是如何通过去中介化提高产品的性价比。到头来我们在产品的"善"这个维度上，还是没有长足的进步，是谓背道。

互联网只是一种手段，任何手段、工具和方法都应该为目的和意图服务。在爆品的意图下利用互联网，不可能走出工业化的未来之路，也不可能使互联网变成人类美好的生活状态。

早在互联网问世以前，那些优秀公司及其成员就有强烈的愿望，去了解消费者是怎么使用产品的，是如何利用他们的产品构筑生活方式的。

他们知道目标消费人群是怎么消费薯片的，知道有多少人先吃完整的，有多少人先吃碎的。

他们知道有多少人喝可乐放冰块，有多少人不放冰块。他们知道大部分人一支牙膏用几个月才会更换，有多少家庭的牙膏盖是找不着的。

他们比你更清楚你有多少双袜子，穿了多久，有多少双袜子是配不上对儿的。

他们知道自己是专业公司、专业人士，必须拥有专业的知识，必须在组织形态上，依靠点点滴滴，锲而不舍地努力去积累专业知识。这样才有可能使企业与消费者共同成长。

这些公司所掌握的需求知识，以及有关消费者生活方式方面的知识与专业程度，超出我们想象。相比之下，本土企业有关需求知识的贫乏与专业程度的低下，也是超出我们想象的。讲个故事就明白了。

有家企业的售后服务人员特地打电话给我，先问一大堆莫名其妙的问题，当确认了我叫什么、什么时候买了他们一台什么样的空调之后，开始给我提供所谓的服务，即提醒我冬天来了，如果打算停止使用这个空调的话，建议用专门的外罩把空调罩起来。如果外罩找不到了或丢了的话，可以向他们公司再买一个……弄得我哭笑不得，只能说声谢谢，把电话挂了。

企业必须务实，通常不会做这种表面文章。这只能说明一点，它们缺乏需求知识，缺乏把握市场需求方面的专业性。

我可以大胆地推断，即便有了互联网这种有效的工具，这类公司也不会有意识地去提高对市场的认知，提高对需求的专注化程度和专业化程度。

自然的结果就是，利用互联网去中介化，降低或省去中间成本费用，然后，继续进行规模化量产。

5.“美”的迷失

“美”指的是美观设计。在物欲横流的现实世界里，我们真的不知道什么叫美。我曾经见过一位老哥，五大三粗的身材，居然穿着一件短款的貂皮大衣，而且还是咖啡色的，就像白云大小姐说的那样，有钱。不买好的就买贵的，有钱就是任性。

有钱人炫富，没钱人追风，一些人的审美情趣也就随之改变，导致审美上西风东渐。当一些西方人羡慕中国姑娘的时候，一些中国姑娘却刻意模仿“洋妞”。

改革开放之初，挂一块小牌子，写着“上海服装”“上海裁缝”就能做生意。现在你要不写得能够吸引人眼球，便无人问津。无论是生产者还是消费者，我们在美学领域都已经迷失了自我。

看看外国人在干什么？他们处心竭虑地对中国人的审美情趣施加影响，从概念车、卡通人物，到 T 型舞台，再到各种奖项的评判，让中国的消费者趋之若鹜，让中国的设计师乐此不疲。

他们会花重金选拔和培养模特，再花重金选拔和包装设计师，然后在 T 型舞台上闪亮登场，并且借助于大众媒体进行传播。在这一连串的动作背后，存在一个庞大的利益联盟。

谁都明白，这是一个圈，进圈等于进账，出圈就是出局。这就是西方公司擅长干的事情。

很多人没有读过《西方美术史》，骨子里也没这种基因，只能跟风，可谓一犬吠影十犬吠声。每当家里人看电视，看 T 型舞台表演，我就紧张。我劝她们不要看。她们会轻描淡写地说，看看又不要钱，急什么呀！

假如我说，你们能不能看看明清家具，看看水墨画、中国书法呢？她们一定会瞥我一眼，不予理睬，心想，这家伙老土了。

于是，为了避免被人蔑视和挨骂，我只能说，求你们了，别看了，看看确实不要钱，但是你们的审美情趣一旦改变，那是要花大价钱的，而且这个过程一旦开始，就不会结束，没完没了。衣服多了就得买柜子，柜子多了就得买房子。房子、柜子有了就得买车子。

这就让我想起古人子产说过的一个故事，一个人会不知不觉地掉进一个圈里，出不来。开始的时候只是换一双象牙筷子，后来，就要配上玉碗，配上美酒佳肴，最后就是声色犬马。

我有时候很佩服西方人的思维。他们的推销策略可谓深谋远虑，谋定而后动。先是组成一个圈，形成策略联盟，用系列的策略，持续而连贯地对一个市场进行渗透。有时候我半夜惊醒，静观前后左右，似有一种莫名的感觉，我这是在哪儿？好在有笛卡尔的一句话让我清醒：我思故我在。

感谢张明敏，让我学会了如何处世，无论走到哪里，我始终拥有一颗中国心。我相信，很多中国人都怀着一颗中国心，欣赏着 T 型舞台及时装秀，欣赏着外国人评选出来的建筑奖项，欣赏着香车美女。

据说有一家生产鞋的企业，一度他们设计的鞋非常畅销。有领导考察这家企业，问产品研发部门的经理，你们怎么能够设计出那么好看或畅销的鞋？

经理回答说，大胆起用年轻人。他们设计的东西，一旦非常中我的意，当场撕毁，反之，我看了以后很生气，别着急，到门口抽支烟，让激动的心情平静下来，返回办公室，签上字，准予生产，准畅销。

"美"这个产品的要素，已经被西方公司纳入到策略形态之中。它们对目标消费群施加的策略，是连续的，不是离散的。

它们不会图一时的痛快，去追求爆发性的增长。它们不会暴殄天物，并企图把一款产品卖爆，卖到天上去。

它们会小心翼翼地在一个点上进行渗透，这个点，可以是技术（真）、需求（善）或艺术（美），一旦得手就开始延展，通过产品的迭代进行延展，摒弃一些元素，增加一些元素，不断跟进消费者的生活方式及其演变趋势。同时它们不断培育自身的能力，包括核心竞争能力，保持自身与消费者同步成长，并努力维持三者的平衡，即企业的成长、消费者的满意和竞争者的超越。

宜家是非常典型的案例。它不会背离自己的能力，以及供应链相关者的能力，去追逐爆品，最终让自己暴食暴饮、暴死街头。

它会在与消费者的互动中，逐渐培育自己的能力，逐渐提高消费者的满意度，逐渐超越对手，所谓企业与顾客同步成长。这就和人与人之间的关系一样，当你影响一个人的时候，那个人也在影响着你。

当企业变得越来越适合目标消费者的时候，其实，目标消费者也变得越来越适合企业了，越来越适合企业拥有的核心竞争能力了。两者相辅相成，相得益彰。

所以我们不能用爆品的思维，去思考企业与消费者之间的关系。这不是互联网时代或社区商务时代的思维，而是产品经济时代的思维，是工业化早期的思维，比如福特的 T 型汽车，甚至是农耕时代的思维，比如一招鲜吃遍天。

宜家的做法就是，通过独特设计的能力，一步一步把顾客套牢。只要你一不小心买了宜家的一件家具，比方说沙发，你就跑不了了，就被套牢了。你走遍所有家具商店，都配不到茶几和茶几下的地毯。你只能乖乖地回到宜家，配上它给你设计的茶几和地毯。

这时候你就很纠结了，要么扔掉新买的宜家沙发、茶几和地毯，要么就下狠心，把那些不协调的旧东西扔掉，换上宜家的角柜、厅室柜、电视柜，还有窗帘和摆件。几年以后，从客厅到厨房，从书房到卫生间，都是宜家的家具了。

6. 互联网时代的产品

绕了这么大一个弯子，我只是想说中国人不缺爆品意识，本土企业老板做梦都在想如何把产品卖爆。中国人缺少的是开发爆品的能力，包括爆品专家在内，都不知道如何弄出一款爆品。其中的理由很简单，我要是知道怎么弄出一款爆品，何必讲课挣钱呢？我认为，爆品对于中国人来说是一个小概率事件，小概率事件可以忽略不计，不值得大肆宣扬。

小米案例不能解释为一款爆品的成功，更不能解释为"爆品意识"的成功。雷军在卖爆小米手机之前，压根儿就不知道爆品这两个字。开始的时候，他只想做一款正经一点儿的山寨版手机。后来在网上遇到了一群发烧友，他才有了做一款代表中国的品牌手机。

即便如此，其中暗含一个必要条件，这就是手机供应链是开放的。没有这个条件，雷军要想打造一款中国品牌的手机谈何容易？这也是董明珠特别不服气的地方，你一个干互联网的小伙子，凭什么能干过我们做实业的？要不你开发一款空调爆品试试？

直到小米手机上市这一刻，雷军都不敢奢想他的产品会卖爆。他还一直为定价纠结，是 2999 元还是 1999 元？事成之后，他自己都觉得很诧异。他曾对别人表白过当时的心境，说是从未想过要在手机上挣钱，真没想到现在挣钱了。

我相信雷军说过这话，我也相信雷军当时说这话是合乎逻辑的。不妨试想一下，既然不想在手机上挣钱，那他想干什么？只有一种合理的解释，那就是先用一款众筹出来的手机，把一群网友圈住。这就是后来周鸿祎总结的一条经验，"圈用户而不是圈顾客"。在雷军的潜意识里，只要把这群网友圈住，挣钱是迟早的事。在雷军的概念中，他们是朋友不是顾客。既然如此，那就按江湖中的玩法，舍命陪君子，花钱交朋友，最终咬咬牙，定价 1999 元，权当对朋友关系的一种投资。

雷军可能自己都没想到他做对了，花大力气连接用户，构建关系。这才是互联网时代的真正玩法。只有当你真正看懂了如何用产品去连接用户，只有当你真正学会了如何用互联网社区的手段，吸引用户参与到产品开发中来，才算是把握住了互联网时代的脉搏。

百年工业化的历史，给我们每个人牢固地树立了一种思维，一种产品思维，即努力开发出产品原型，借助于标准化的手段，进行工业化的大量生产，并依靠看不见的手，完成对陌生人的大量销售，获取货币并带来利润。从本质上说，产品是一个纽带，连接着供求之间的劳动关系和利益关系。供应者与需求者通过产品的交换，实现了彼此的劳动交换和利益交换。

互联网给了我们一个机会，使供应者和需求者可以直接连接起来，并不一定需要通过产品及产品的流通与交换，实现供求一体化或供应者和需求者之间的连接。供应者完全可以运用自己所掌控的资源、关系和条件，直接为需求者及其需求做贡献；也可以就产品开发这件事情与需求者进行合作，并在共创共享的原则下，不断深化彼此之间的关系，相互作用、相互依存，直至永远，是谓互联网时代的产品思维。

50

把握成败关键

有人说战略决定成败，另有人说细节决定成败，我说关乎战略的细节决定成败。

员工抱怨老板一心想挣钱，没有战略头脑，抱怨企业没有战略导向，只有业绩导向。

老板认为自己有战略，企业的战略没问题，有问题的是全体员工在细节上的执行力。因此，有一个时期，凡是强调执行、强调细节的书籍，都卖得很火。当然，出钱买书的人是企业、是老板。

我认为，决定成败的是企业的事业逻辑，这不仅关系到整体的战略，还关系到战略成败的关键细节。不是任何细节都决定成败，没有事业的逻辑，不努力去构建事业的逻辑，无法识别成败的关键，不知道什么是决定成败的细节。

同样地，没有事业的逻辑，无法识别重要的细节，并把这些细节引导到战略的方向上，成为构筑战略的成败关键，成为决定战略成败的细节。

这样的表述似乎太哲学、太抽象，听起来像是在故弄玄虚，估计都听不懂，不妨讲个故事，大家就明白了。

讲故事是为了化解概念。过去很多人听我讲课，只记住了故事，没关注我阐述的概念及概念体系。我希望提高大家辨析概念的能力，并借助于概念体系，透视企业的本质联系，把握企业发展和演变的内在逻辑。

克罗克因推销奶昔搅拌机，而认识了麦当劳兄弟。这种搅拌机可以同时制作几杯奶昔或混合饮料，可以代替人力，提高了效能。

1954 年的某一天，秘书给他打电话，说有一家店需要 6 台这样的搅拌机。克罗克认为，一家门店只需要一台就够了，于是打电话问是不是下错订单了：你们真的需要 6 台搅拌机吗？对方的回答是：确实订购错了，我们需要 8 台！

什么餐饮门店这样火爆？这引起了克罗克的兴趣，他立即从芝加哥出发，驾车前往加利福尼亚州。当看到这家门店的火爆场面时，他简直惊呆了，可用两个字概括——震撼。

这是他期待已久的事情，尽管不知道会是什么，但莫名的好事情真的发生了。他隐隐约约觉得，这是命中注定要发生在自己身上的事情，上帝在眷顾他，让他去成就一番大事业。

大凡创业家都是些干劲十足、自命不凡的人，但在世俗的眼里，他们只不过是一些自作多情的疯子，十足的偏执狂。

他仔细观察了这个火爆的场面，以及络绎不绝的人群，也亲自入场体验，但百思不得其解，奥妙究竟在哪里呢？东西并不好吃，没有餐盘，也没有餐桌，还需要排大队。他努力从这纷杂的场面中看破玄机，找出成败的关键。

有个现象引起了他的注意，那些食客并没有立即离开，而是在门店前的一块空地上，三三两两扎堆儿，吃着汉堡聊天。这也许是成败的关键，但克罗克并不确信这一点。扎堆儿聊天、社交，是人的基本需求，但不是根本原因，不是他们到这里来的根本原因。

在社交氛围形成之前，究竟是什么吸引他们到这里来？究竟是什么导致这家店非常火爆？这回轮到麦当劳兄弟出场了，他们告诉克罗克，有一种需求被人忽略了，这就是快捷与廉价。麦当劳真正能为顾客做贡献的地方，就是节省顾客的时间与钱财。

这就回答了德鲁克的三个问题，或创办一家企业必须回答的三个问题：谁是你的顾客？顾客认为有价值的是什么？如何为顾客创造价值？

麦当劳兄弟俩居然想到了用福特流水生产线的方式，用机器代替人力的方式加工汉堡、薯条和奶昔，以及那些可以用机器加工的食品。据说他们制作一个汉堡只需要30秒，只卖几美分。可口、快捷、廉价，无与伦比。这使普通的餐饮店变成了快餐店，迎合了消费者的需求，迎合了消费者认定的价值。这是一项伟大的、破天荒的创举。

这让克罗克茅塞顿开，他凭借自己的经验，发挥自己的想象力，用各种可能的条件和资源，编织起自己的事业构想，以及实现事业的战略与路径，一种合乎逻辑的战略与路径。德鲁克把这称为事业理论。

用专业一点的术语来解释的话，就是把那些独特的资源要素，引导到更大的市场发展空间中去，创造一种基于消费者的生活方式，并构建起合理的事业发展逻辑及战略与路径。

在这里，"独特的资源要素"与"合理的事业发展逻辑"两者之间必须建立内在的联系，相辅相成、相互依存。用专业术语说，后者为战略，前者为成败的关键。

具体而言，克罗克要创造一种生活方式，一种简洁明快又充满欢乐的社区生活方式，这就是他构想的伟大事业。消费者并不需要什么产品，他们真正需要的是一种生活方式，一种合乎他们内心真实感受的生活内容及生活体验。

克罗克已经感受到了这样一种新的生活内涵，已经看到了正在发生的未来，并确信现实中已经具备这样一些关键的条件，可以为美国的各个城镇编织出一种令人向往的生活场景，去丰富人们的生活方式。

在他的想象中，麦当劳的品牌、麦当劳的生产方式，以及麦当劳的社区用餐氛围，足以营造出一种新的内涵，充实社区生活方式。同时，这些现实的要件可以形成强大的战略冲击力量，足以把这种生活方式的内涵覆盖到全美的各个城镇。这是多么恢宏的一个事业场景，令克罗克兴奋不已。

克罗克真正厉害的地方，在于他能够构思出一个新的生活方式，而不是紧紧盯着产品的快捷和廉价，这与亨利·福特的做法具有异曲同工之妙。克罗克成为一位空前绝后的创业家。

1914 年前的亨利·福特，懂得如何把独特的资源要素，主要是指价廉物美的 T 型汽车，及固定流水生产方式，引导到事业的构想中去，开启了汽车时代的大众生活方式，乃至生产方式，从而拓展了自己事业的发展空间。

40 年后的 1954 年，克罗克用同样的思维，把独特的优势资源转化为决定成败的关键因素，引导到事业的领域中，引导到消费者的生活方式中，构建起一个战略的大模样，从而开启了美国人快餐消费方式的新时代，赢得了自身事业的莫大成功。

不妨试想一下，如果没有快捷、廉价的食品，就难以吸引络绎不绝的消费者，并使前来就餐的消费者节省下来一定的时间，相互寒暄，聊上几句，形成短暂而轻松的社交氛围。这是一连串自然发生的事件，克罗克只是看到了这些事件背后的必然逻辑。否则即使他是神仙，也无法创造出一种新的生活方式、一种社区化的生活。

进一步说，如果没有麦当劳兄弟创造出来的一个火爆的样板门店，以及自然存在的战略冲击力，那么克罗克就没有胆量去构建一个未来事业的大模样。

由此而论，一个伟大的事业，以及实现这个事业的伟大战略，必须要有独特的资源要素和优势条件，并成为战略实施成败的关键。

接下来，克罗克要做的事情是，不断丰富和强化事业的内容，或城镇社区化生活方式的内涵。他必须夜以继日地进行思考和搜寻，把各种可能的资源和条件嫁接过来，充实到这个事业中，并使之浑然一体。

最为成功的举措就是，克罗克从麦当劳兄弟俩设计的各种门店标志中，选了麦当劳的金色双拱门标志，用以打造美国城镇三位一体的建筑物标志。其他两个已经存在，这就是法院的国旗和教堂的十字架。

克罗克的脑子真的很独特，别出心裁、异想天开。他让美国各城镇的居民不由得产生联想：在宗教信仰的寄托下，在法律秩序的约束下，共同分享着快乐的社区生活方式。因此，克罗克一开始就确信，自己开创的事业一定是空前绝后的，过去别人不知道，未来别人做不了。

有一件事情表明，克罗克在构建未来事业的模样方面，绝对是个天才级的高手。1956 年，他花了 270 万美元赶走麦当劳兄弟。让麦当劳兄弟一直想不通的是，克罗克这样有能耐的人，为什么要费尽心思夺走麦当劳的门店，为什么自己不去创造一个快餐门店呢？而且兄弟俩已经把所有经营秘密都告诉他了。克罗克的回答是，麦当劳的商标或品牌是一种稀缺资源，他未来的事业中不可能没有它。

后来克罗克坦诚相告，真正吸引他的，不只是火爆的门店，还有"McDonald"（麦当劳）这个词，太有美国范儿了。其他词都不能表达美国范儿，不是带有意大利味儿，就是带有德国味儿。它是独一无二的，打从见到它的第一天起克罗克就爱上了它，下决心要据为己有。

　　麦当劳兄弟一时无语，剩下的只有心痛，恨自己没意识到这是独一无二的稀缺资源。

　　我很想安慰一下麦当劳兄弟，离开了克罗克的事业构想及他所倡导的城镇生活方式，"McDonald"就是一个词，不是消费者生活方式的一个品牌，一文不值。

51

心灵的家园

现在的企业老板不犯错误已经算是不错了。守住自己的愿力，守住自己的道行是很难的。这主要是别人的原因，人在江湖身不由己。还有一句话，"常在河边走，哪能不湿鞋"，能做到不湿脚就不错了。

很多老板在学完 EMBA 课程之后，就去"国学 EMBA"。它们是两种课程体系，看上去很像中西医结合。当然，需求是实实在在的，很多老板确实想悟道，参悟人性。最近阳明心学很流行，天道即人心。

前一阵，很多老板都拜在南老门下。南老又不懂企业的事情，老板们，何苦呢？只有一种合理的解释，就是希望南老帮助他们守住道。守得住道才能守得住人，守得住钱，守得住百年基业。

很多企业早年发展得很顺利，创业团队的心也很齐，大家开开心心过日子，度过了艰难困苦的岁月。有人把这称为创业期的红利。等到企业上市以后，队伍壮了，资源多了，人心却散了，至少大家都不开心了。这致使一批又一批的创业家陷入了沉思和困惑之中。他们需要开释，更需要心灵的归宿，需要精神的家园或庇护所。

我们可以回避，可以去寻找自己说话的地方或社交圈，我们可以不去跟别人一般见识，寻找自己的乐趣或知音，等等。我们真正放不下的还是这份事业。事业即人，我们放不下的还是这一群人，这群朝夕与共的人，说白了，就是你的同事，你的伙伴，你的同道。

事情又回来了，回到了原点，不是冤家不聚头。这里引用德鲁克的一个观点，我们需要的不是一般意义上的人际关系，需要的是积极的人际关系。这种积极的人际关系源于工作本身。我们必须从职业生涯中发展出积极的人际关系。这种关系将伴随你的一生，并决定了你一生的幸福感。

人性的本质，是通过人与人之间的关系表达出来的。互联网改变了人与人之间的社会关系及表达方式。比如，高兴了点赞，不高兴"潜水"，愿意就多聊两句，话不投机就少聊两句，再不行就拉黑。

互联网使人与人之间的关系变得非常简单，甚至可以简单到只剩下劳动关系和利益关系。剩下的只是上层建筑，随意点赞，随意拉黑。每个人的个性都会张扬出来，就像仰望天空时的感觉一样，每一颗星星都是指向自己的，自己处在满天星辰乃至宇宙的中心位置。当然，这是错觉，美好的错觉。每个人在大多数情况下都活在错觉之中。

如果一个老板把这想明白、看明白了，事情就很简单了，回到你的事业中去，和你的同伴约法三章，确定基本原则——共创共享共有。在这个原则下，确定分工与分利的关系。这就悟道了，创业期的红利将永远伴随于你的左右。你不需要靠别人点拨，靠别人帮你守道，也不需要上"国学 EMBA"班。不过你要是想得道升天，则另当别论。

我们都是俗人，说一个人的境界高，并不是指毫不利己、专门利人的道德水准。我们不是神仙，需要拖儿带女，养家糊口，不可能像神仙那样，不食人间烟火。

俗人所说的境界高，就是遵循社会交往的基本准则，成人达己，先忧后乐，说白了，就是把伙伴之间的利益关系看得重一点，把个人利益的获取放得长远一点，如此而已，非常简单。这样，一个人就能找回自己心灵的家园。

诚如稻盛和夫所言，企业永远是我们心灵的归宿。如果我们把托夫勒的思想放进来，把互联网时代的情景放进来，事情更是这样，共同的事业才是你心灵的归宿。

后　记

本书是过去一两年中，我的一系列文章的汇编。非常感谢张林先、孙伟和郝剑青在汇编本书的过程中，给予的帮助以及付出的辛勤劳动。

本书是配合我的三本书的深度阅读材料，那三本书分别是《营销的本质》《企业的本质》和《管理的本质》。

作为深度阅读材料，我的基本视角就是从理论向实践再迈开一步，就是借助于理论的概念体系，对现实问题进行一些思考。其中的结论并不重要，重要的是，向大家展示理论对实践的指导意义和作用，同时，展现一下本人的思维方式。

最后感谢机械工业出版社华章分社的王磊、石美华等编辑的大力支持和帮助。

包政

2018 年 6 月 11 日

ISBN	书 名	价 格	作 者
978-7-111-59411-6	论领导力	50.00	（美）詹姆斯 G. 马奇 蒂里·韦尔
978-7-111-59308-9	自由竞争的未来	65.00	（美）C.K.普拉哈拉德 文卡特·拉马斯瓦米
978-7-111-41732-3	科学管理原理（珍藏版）	30.00	（美）弗雷德里克·泰勒
978-7-111-41814-6	权力与影响力（珍藏版）	39.00	（美）约翰 P. 科特
978-7-111-41878-8	管理行为（珍藏版）	59.00	（美）赫伯特 A. 西蒙
978-7-111-41900-6	彼得原理（珍藏版）	35.00	（美）劳伦斯·彼得 雷蒙德·赫尔
978-7-111-42280-8	工业管理与一般管理 （珍藏版）	35.00	（法）亨利·法约尔
978-7-111-42276-1	经理人员的职能（珍藏版）	49.00	（美）切斯特 I.巴纳德
978-7-111-53046-6	转危为安	69.00	（美）W.爱德华·戴明
978-7-111-42247-1	马斯洛论管理（珍藏版）	50.00	（美）亚伯拉罕·马斯洛 德博拉 C. 斯蒂芬斯 加里·海尔
978-7-111-42275-4	Z理论（珍藏版）	40.00	（美）威廉 大内
978-7-111-45355-0	戴明的新经济观	39.00	（美）W. 爱德华·戴明
978-7-111-42277-8	决策是如何产生的 （珍藏版）	40.00	（美）詹姆斯 G.马奇
978-7-111-52690-2	组织与管理	40.00	（美）切斯特·巴纳德
978-7-111-53285-9	工业文明的社会问题	40.00	（美）乔治·埃尔顿·梅奥
978-7-111-42263-1	组织（珍藏版）	45.00	（美）詹姆斯·马奇 赫伯特·西蒙

德鲁克管理经典

编号	书号	书名	定价
德鲁克管理经典			
1	978-7-111-28077-4	工业人的未来(珍藏版)	￥36.00
2	978-7-111-28075-0	公司的概念(珍藏版)	￥39.00
3	978-7-111-28078-1	新社会(珍藏版)	￥49.00
4	978-7-111-28074-3	管理的实践(珍藏版)	￥49.00
5	978-7-111-28073-6	管理的实践(中英文双语典藏版、珍藏版)	￥86.00
6	978-7-111-28072-9	成果管理(珍藏版)	￥46.00
7	978-7-111-28071-2	卓有成效的管理者(珍藏版)	￥30.00
8	978-7-111-28070-5	卓有成效的管理者(中英文双语 珍藏版)	￥40.00
9	978-7-111-28069-9	管理:使命.责任.实务(使命篇)(珍藏版)	￥60.00
10	978-7-111-28067-5	管理:使命.责任.实务(实务篇)(珍藏版)	￥46.00
11	978-7-111-28068-2	管理:使命.责任.实务(责任篇)(珍藏版)	￥39.00
12	978-7-111-28079-8	旁观者:管理大师德鲁克回忆录(珍藏版)	￥39.00
13	978-7-111-28066-8	动荡时代的管理(珍藏版)	￥36.00
14	978-7-111-28065-1	创新与企业家精神(珍藏版)	￥49.00
15	978-7-111-28064-4	管理前沿(珍藏版)	￥42.00
16	978-7-111-28063-7	非营利组织的管理(珍藏版)	￥36.00
17	978-7-111-28062-0	管理未来(珍藏版)	￥42.00
18	978-7-111-28061-3	巨变时代的管理(珍藏版)	￥42.00
19	978-7-111-28060-6	21世纪的管理挑战(珍藏版)	￥30.00
20	978-7-111-28059-0	21世纪的管理挑战(中英文双语典藏版、珍藏版)	￥42.00
21	978-7-111-28058-3	德鲁克管理思想精要(珍藏版)	￥46.00
22	978-7-111-28057-6	下一个社会的管理(珍藏版)	￥36.00
23	978-7-111-28080-4	功能社会:德鲁克自选集(珍藏版)	￥40.00
24	978-7-111-28517-5	管理(下册)(原书修订版)	￥49.00
25	978-7-111-28515-1	管理(上册)(原书修订版)	￥39.00
26	978-7-111-28359-1	德鲁克经典管理案例解析(原书最新修订版)	￥36.00
27	978-7-111-37733-7	卓有成效管理者的实践	￥36.00
28	978-7-111-44339-1	行善的诱惑	￥29.00
29	978-7-111-45029-0	德鲁克看中国与日本	￥39.00
30	978-7-111-46700-7	最后的完美世界	￥39.00
31	978-7-111-47543-9	管理新现实	￥39.00
32	978-7-111-48566-7	人与绩效:德鲁克管理精华	￥59.00
33	978-7-111-52122-8	养老金革命	￥39.00
34	978-7-111-54922-2	卓有成效的领导者:德鲁克52周教练指南	￥49.00
35	978-7-111-54065-6	已经发生的未来	￥39.00
36	978-7-111-56348-8	德鲁克论管理	￥39.00
德鲁克论管理			
1	978-7-111-28076-7	大师的轨迹:探索德鲁克的世界	￥29.00
2	978-7-111-23177-6	德鲁克的最后忠告	￥36.00
3	978-7-111-27690-6	走近德鲁克	￥32.00
4	978-7-111-28468-0	德鲁克实践在中国	￥38.00
5	978-7-111-28462-8	德鲁克管理思想解读	￥49.00
6	978-7-111-28469-7	百年德鲁克	￥38.00
7	978-7-111-30025-0	德鲁克教你经营完美人生	￥26.00
8	978-7-111-35091-0	德鲁克论领导力:现代管理学之父的新教诲	￥39.00
9	978-7-111-45189-1	卓有成效的个人管理	￥29.00
10	978-7-111-45191-4	卓有成效的组织管理	￥29.00
11	978-7-111-45188-4	卓有成效的变革管理	￥29.00
12	978-7-111-45190-7	卓有成效的社会管理	￥29.00
13	978-7-111-44748-1	德鲁克的十七堂管理课	￥49.00
14	978-7-111-47266-7	德鲁克思想的管理实践	￥49.00
15	978-7-111-52138-9	英雄领导力:以正直和荣耀进行领导	￥45.00